名人小时候的故事

探索真知的实践

李树芬　谭海芳 / 主编

中国少年儿童新闻出版总社
中国少年儿童出版社
北京

图书在版编目（CIP）数据

探索真知的实践 / 李树芬，谭海芳主编. -- 北京：中国少年儿童出版社，2025.1. --（名人小时候的故事）. -- ISBN 978-7-5148-9251-2

Ⅰ. K811-49

中国国家版本馆 CIP 数据核字第 20243ER625 号

TANSUO ZHENZHI DE SHIJIAN
（名人小时候的故事）

出版发行：中国少年儿童新闻出版总社
　　　　　中国少年儿童出版社

执行出版人：马兴民
责任出版人：缪　维

策划编辑：白雪静	主　编：李树芬　谭海芳
责任编辑：白雪静	绘：黄　涛
版式设计：王点点	责任印务：厉　静
责任校对：夏明媛	

社　　址：北京市朝阳区建国门外大街丙 12 号	邮政编码：100022
编辑部：010-57526379	总编室：010-57526070
发行部：010-57526608	官方网址：www.ccppg.cn

印刷：河北赛文印刷有限公司	
开本：720mm×1000mm　1/16	印张：9.75
版次：2025 年 1 月第 1 版	印次：2025 年 1 月第 1 次印刷
字数：100 千字	印数：1—5000 册
ISBN 978-7-5148-9251-2	定价：39.80 元

图书出版质量投诉电话：010-57526069　电子邮箱：cbzlts@ccppg.com.cn

目 录 CONTENTS

名人小时候的故事

求学若渴的"大耳朵"——老子	1
十分耕耘,十分收获——孔子	7
打工仔学医——扁鹊	13
以锥刺股的故事——苏秦	19
读万卷书,行万里路——司马迁	25
为争气而勤奋好学——匡衡	31
做生活的有心人——蔡伦	37
少年学医——华佗	44
爱动脑筋的"笨蛋"——祖冲之	50
实践出真知——陶弘景	56
铁杵也能磨成针——李白	62
用黄泥浆习字——颜真卿	68
走南闯北的实干家——沈括	74

痴迷"小制作"的孩子——郭守敬　　79

勤于实践的孩子——徐光启　　85

"笨小孩儿"也能成才——曾国藩　　91

专心学画蛋的画童——达·芬奇　　96

喜欢刨根问底的孩子——伽利略　　103

喜欢磨镜片的学徒工——列文虎克　　109

体弱好学的贵公子——瓦特　　115

"数学王子"的成长之路——高斯　　121

大自然是最好的课堂——达尔文　　127

"偷"故事的人——列夫·托尔斯泰　　133

勤奋好学终成才——罗丹　　139

爱拆手表的机械迷——亨利·福特　　145

求学若渴的"大耳朵"——老子

中国人

哲学家、思想家

出生地：陈国苦县（今河南省鹿邑县）

生活年代：约公元前571年—约公元前471年（春秋）

主要成就：道家学派创始人，著有《道德经》（又称《老子》）

优点提炼：聪慧机灵，勤学好问

我叫李耳，字聃（dān）。说起这个名字，里面还有一个好玩儿的故事呢！

妈妈刚生下我的时候，就被我的模样吓了一跳：这个孩子的耳朵怎么这么大呀！妈妈于是就给我取名叫耳，字聃。"聃"是指又长又大的耳朵。

在我十岁那年，妈妈给我请了一位名叫商容的老师。他上知天文，下知地理，是个有学问而又不拘一格的人。可即便这样，他也经常被我提出的古怪问题问得哑口无言。有一天上课时，商老师郑重其事地说："天地之间最尊贵的是人，人里面最尊贵的是王。"

我噗地一笑，问道："老师，那什么是天呢？"商老师严肃地回答道："天的上面是一团纯净透明的东西。"

"那团纯净透明的东西是什么？"

"是太空。"

"太空的上面是什么？"

"太空的上面是更纯净透明的东西。"

"再往上又是什么东西呢？"我不甘心，打算打破砂锅问到底。

商老师叹了一口气，说道："再往上是更更纯净透明的东西。"见老师有些起急，我又换了一个问题问："那最纯净透明的东西是什么？"

商老师沉思了好一会儿，最后对我说："这个问题，我的老师没教给我，书上也没有记载，所以我不敢乱说。"

显然，这不是我想要的答案。我对这个解释很不满意。晚上，我又缠着妈妈继续问，但她也回答不出来。整个晚上我都很难受，一会儿望着布满繁星的天空发呆，一会儿又低头冥思苦想，可是想了一夜也没想明白。

像这样的事情还有很多。商老师虽然屡次被我追问"为什么"，有时还会被问得答不上来，但他一点儿也不气恼，反而觉得很欣慰，直夸我是个善于思考的好孩子。在他的殷殷教导下，我的学习进步很快。

在我十三岁那年，商老师找到我的妈妈，对她说："夫人，我教聃儿这个孩子已经三年了。今天我是来辞行的。"妈妈吃惊地问："商老师，您好端端的怎么要走呢？是不是聃儿惹您生气啦？我让他向您道歉！"商老师连连摆手，说："夫人误会了。今天我来辞行，不是因为我不想教他，也不是聃儿学习不刻苦，而是因为我肚子里的那点儿学问都教完了，再教下去就会耽误孩子。聃儿是个不可多得的好孩子，聪明好学，志向远大，不应该困守在这偏僻闭塞的地方。他应该到周都洛邑（今河南省洛阳市）去求学深造。洛邑是天下的圣地，聃儿不到那里去深造，难成大器啊！"

妈妈当然知道到洛邑求学的好处，但她考虑到我才十三岁，又从没出过远门，让我一个人去洛邑怎么放心得下呢？就在她犹豫不决的时候，商老师说："夫人不要担心，我的师兄是周朝的太学（古代的大学）博士（官职名，相当于现在的教授）。他不仅学识渊博，还很爱惜人才。我把聃儿的情况跟他说了以后，他很喜欢聃儿，说要亲自教聃儿，并且让聃儿住在他家里，一切花费都由他出。不光这样，我师兄已经派了几个仆人专门来接聃儿了，过几天就能到。这可是个千载难逢的好机会呀！希望夫人珍惜这个机会，不要误了聃儿的大好前程啊！"

商老师的话让妈妈彻底放心了。她把我叫到身边，将这事交代了一番。我抹干眼泪，坚定地对母亲说："妈妈，您放心，我一定不辜负你们的期望。我到了洛邑会好好学习，等学业完成了，就回来看您。"然后，我又郑重地给商老师磕了三个头，叩谢他的举荐之恩。几天后，我就跟着博士派来的仆人赶往洛邑了。

在周都洛邑，我进入太学，跟着博士学习天文、地理、人伦等各方面的知识。三年后，博士推荐我到守藏室（相当于国家图书馆）工作。我天天泡在书海里，如饥似渴地博览各种书籍，学识突飞猛进。又过了三年，我当上了守藏室史（相当于国家图书馆馆长），成为一名大学问家，名扬天下。

延伸阅读

老子出关

相传李耳活到一百岁才去世,人们见他年纪很大,是个老寿星,就纷纷称呼他为"老聃""老子"。这里的"子"意思是有道德、有学问的人,是对人的一种尊称。

在老子九十岁时,看到朝廷越来越衰败,感觉非常失望。于是他辞去官职,离开洛邑,一路向西,朝函谷关而去。

函谷关守关的长官叫尹喜。这一天,他站在城楼上向远处眺望,见有一团紫气从东方慢慢地飘过来。尹喜也是一个学识渊博的人,意识到肯定是有圣人来了。因为只有圣人才会带来这样的云气。过了一会儿,他就看到一个白胡子、白眉毛的老人骑着青牛缓缓而来。

原来是老子！尹喜赶紧走下城楼，迎接这位当世最著名的智者。尹喜拜见老子，和他谈了很长时间，对他非常崇敬。尹喜说："我知道您就要隐居了。您能不能把您的智慧写下来，给我们留点儿著作啊？"老子一开始不愿意写。但如果他不写，尹喜就不放他出函谷关。老子没办法，最后只好答应了尹喜的条件。

老子经过沉思默想，利用几天的时间写了五千来字，取名为《道德经》。书稿完成后，他辞别尹喜，骑着青牛出了函谷关，继续往西前行。

从那以后，就再也没有人见过老子了。

十分耕耘，十分收获
——孔子

出生地：鲁国陬（zōu）邑（今山东省曲阜市）

生活年代：公元前551年—公元前479年（春秋）

主要成就：一生从事传道、授业、解惑，被中国人尊称"至圣先师""万世师表"；其弟子和再传弟子将他的言行语录记录下来，整理编成著名的儒家学派经典《论语》；相传有弟子三千，贤弟子七十二人

优点提炼：勤奋好学，领悟力强

中国人

政治家、思想家、教育家

　　我叫孔丘，出生于两千多年前的鲁国。现在大家熟知的"孔子"就是我。

　　我是商朝开国君主商汤的后代。不过，还没等我享受贵族的生活，

父亲就去世了。那年我还不到三岁。母亲孤苦无依,在家族中失去了庇护,被逐出了家门。她只好带着我和哥哥来到一个叫阙里的地方,一直过着清贫的生活。

母亲很开明,不因家贫就忽视对我们的教育。在我刚满三岁的时候,她就开始教我读书识字。到四岁的时候,我已经认识上百个字了。

有一天吃过晚饭,母亲突然对我和哥哥说:"昨天我教你们的字,你们都记住了吗?""都记住了!"我和哥哥异口同声地答道。母亲微笑着说:"那我明天早上就考考你们吧!"听母亲这么一说,我心里又有些底气不足了。

晚上,我和哥哥睡在同一张床上。临睡前,我躺在被窝里问哥哥:"母亲教的字,你真的都记住了吗?""都记住了!你呢?"哥哥望着我说道。我犹豫起来,小声地说:"我已经练习很多遍了,应该都记住了。可是,我并没有十成的把握。要是明天答不出来,母亲该有多伤心啊!"说完,我又一骨碌从床上爬起来,一边穿衣一边说:"不行,我得起来再多练习几遍。"哥哥一把拉住我,劝道:"天气有些冷,你别起来了。你就在我的胸口上写吧!我还能感觉到你是写对了还是写错了,正好可以测试你一下。"

于是,我就趴在哥哥的胸口上写起字来。每写一个字,我就小声地读出来。有不对的地方,哥哥就提醒我;印象不太深刻的字,我就反复练习,加以巩固。不知道过了多久,我的眼皮变得沉重起来,声音也越来越小。后来,我迷迷糊糊地趴在哥哥身上睡着了。

第二天,母亲考我们时,我没有一丝的惊慌和犹豫,将学会的字全都写对了。母亲摸着我的头,高兴地说:"我前天教了那么多字,你竟然都记住了。将来你肯定大有出息!"

"弟弟可努力了,连睡前都在练习呢!"哥哥站在一旁笑着补充道。

看到母亲和哥哥因为我这么高兴,我决定以后更要加倍地努力,不辜负他们对我的期望。

后来,我向鲁国著名的乐师师襄子学弹七弦琴。我学琴非常刻苦,有时从一早坐到夕阳西下,重复弹奏着同一首曲子也不觉厌倦。对于每首曲子,我不仅要牢记它们的曲谱,达到熟练的弹奏程度,还要能完全摸透其中的技巧。

有一天，我把这个心得认真地告诉老师。老师听了十分惊讶，赞叹道："那首曲子你足足弹了十天，已经非常熟练了，完全可以重新学一首新曲子。没想到你小小年纪，对乐谱的理解不但没有停留在表面，反而能追求更深的技巧，这真是让我感到欣慰啊！"

得到了老师的认可，我又继续钻研那首曲子。十天过去了，我的指法越来越娴熟，弹奏出来的音乐也更加和谐、流畅了。老师看到我的进步，对我说："现在，你已经掌握了弹奏的技巧，可以学一首新曲子了。"

我摇了摇头，说道："虽然我已经弹奏得很熟练，也摸索到了技巧，但是总感到还缺少了一点儿什么。"左思右想，我终于发现自己弹奏曲子时缺乏情感。于是我又和老师沟通，决定接下来就要领会到这首曲子所表达的情感，在演奏时和它产生共鸣。老师很支持我的想法，就让我继续练习。

一天，我在房间里弹琴，当弹完那首曲子后，发现老师正站在我身后。他激动地说道："我远远地听到你那激情四溢的琴声，完全被吸引住了。现在，你已经弹出了这首曲子的情感，可以学新曲子了。"

"可是，我还是没能体会出作曲者是一位什么样的人。我想还得再练习练习！"我诚恳地对老师说道。

老师笑着点了点头，走了。

于是，我又像刚拿到这首曲子一样，怀着一种新奇的心情去揣摩作曲者是谁。

不知道过了多久,我觉得自己能够揣摩出作曲者了,于是兴奋地把老师请过来。我再次把那首曲子弹给老师听,他听完之后笑眯眯地说:"这下,你应该知道作曲者是谁了吧?"

我抑制不住内心的兴奋和喜悦,激动地说:"从乐曲中我感觉到他了,他有着黑黑的面孔,高高的身材,一双炯炯有神的眼睛看得很远,相貌威武庄严,很有王者的气度。莫非这就是周文王所作的曲子?不是他还有谁呢?"

老师看着我,眼睛里闪烁着喜悦的光芒,感叹道:"你说得对极了!这首曲子的确是周文王所作。你的领悟能力和钻研精神,为师真是十分敬佩啊!"

听了老师的话,我心里顿时觉得美滋滋的。

延伸阅读

忘我的工作者

孔子认为，人不是一生下来就有学问的，所以应该虚心向他人学习。

有一次，孔子去鲁国国君的祖庙参加祭祖典礼。典礼上，他产生了很多问题，便随时向身边的人请求赐教。所问问题事无巨细，差不多每个祭祖典礼的小细节都问到了。

这时，有人在背后嘲笑孔子，说他什么都不懂，什么都要问。孔子却面不改色，谦虚地说道："我不明白的事，都要问个明白。这才是我知礼的表现啊！"

打工仔学医——扁鹊

中国人　医生

出生地：齐国渤海郡鄚县（今河北省任丘市）

生活年代：公元前407年—公元前310年（春秋战国）

主要成就：中医学的鼻祖，创立了望、闻、问、切"四诊法"

优点提炼：心地善良，勤学上进

小时候，我的家里很穷。为了维持生计，我不得不外出打工。我在一家旅店里当跑腿的小伙计，因为我待人热情，手脚勤快，旅店的主人对我很满意。后来，他提升我当了"舍长"，也就相当于后世的宾馆经理。我按照我的一套办法经营这家旅店，凭着热情诚恳、勤快周到的服务，把小店打理得有声有色，生意红火。

有一天，旅店里来了一个白发苍苍的老人，租了一间房打算长期住下，并利用旅店开了一个诊所，天天给人看病。原来，他是个医生！

我从小就有一个当医生的梦想，所以对这位老人很敬重，把他照顾得无微不至。有时候来看病的人很多，他忙不过来，我就跑前跑后，帮他照料病人。时间长了，我和老人就成了忘年交。他的年龄比我大许多，我把他当长辈对待。通过交谈，我知道他的名字叫长桑君。我们的关系越来越密切，感情越来越好，就跟一家人一样。

几年过去了，忽然有一天，长桑君把我叫到他的房间，郑重地对我说："咱们交往了好几年，我觉得你是一个善良诚实、勤奋好学的人。我当了一辈子医生，从来没有把医术传给别人。现在我老了，想把一

身的医术传给你，你愿意学吗？"

我一听，喜出望外，能拜长桑君为师，真是求之不得呀！我急忙跪下，向他叩谢："多谢师傅这么器重我。我一定好好学习，不辜负您老人家的深情厚义。"长桑君很高兴，从枕头底下摸出一本珍藏多年的医书，小心翼翼地交给我，让我用心研读。我接过医书，心里非常感激长桑君对我的器重，禁不住热泪盈眶。

从那以后，我就开始学医了。白天，我在长桑君身边学习如何诊断病情，如何开方抓药。而晚上呢，我就在自己的小屋里刻苦钻研长桑君送给我的那本医书。说句实话，我学习的投入程度简直到了不吃不喝的地步。长桑君见我这么用功，心里很高兴，更加尽心地教我，我的医术修养和诊断能力都有了很大长进。

有一天，长桑君到外面去给人看病，我一个人在旅店里翻看医书。这时，有个小伙子搀着一个老太太走了进来。只见老太太浑身瘫软，大汗淋漓，眼看就要坚持不住了。小伙子焦急地对我说："先生，我母亲快不行了，求您给看看吧。"

我为难地说："我师傅出诊去了，还没回来。我只是个小学徒，还没有给人正式看过病呢！"小伙子看母亲实在疼得难受，一再央求我。我估计长桑君一时半会儿回不来，只好鼓起勇气，给老太太诊脉，然后认真地开了一张药方。

我对小伙子说："你按照这个方子抓药，回去以后给老人家煎好服下，她的病会慢慢好起来的。"

等长桑君行医回来，我忐忑不安地说："师傅，刚才您老人家不在，我诊治了一位病人……"

我把事情的经过一说，长桑君笑着说："你做得对！救死扶伤是医生的本分。"见师傅没有怪罪的意思，我才放下心来。我又把病人的症状、脉象和自己的诊断结果一五一十地告诉长桑君，并把药方拿给他看。长桑君不停地点头，说我的诊断正确，用药合理。我听了以后非常高兴。

从那以后，只要有病人来了，长桑君经常让我诊治。我担心出差错，每张药方都请长桑君把关。如果遇到疑难杂症，我心里拿不准，就和长桑君一起会诊，研究处方。就这样边实践边学习，边学习边实践，我的医术提高得更快了。

不久，长桑君去世了。我也辞去旅店的工作，开始周游列国，到各地行医，凭着娴熟的医术治病救人，终于成了一代名医。传说在黄帝时代有位名医叫扁鹊，专门治病救人，走到哪里，就把安康和快乐带到哪里，所以人们把那些医术高超、医德高尚的医生都称作"扁鹊"。因为大家觉得我是一个很好的医生，也尊敬地称我"扁鹊"。后来，"扁鹊"这个名号叫得越来越响，而我真正的名字"秦越人"却很少有人知道了。

扁鹊见蔡桓公

有一天,扁鹊去拜见蔡桓公。谈话的时候,扁鹊对蔡桓公说:"你生病了,病就在皮肤里,不医治的话恐怕会加重。"蔡桓公满不在乎地说:"我没有病。"

等扁鹊走了以后,蔡桓公对身边的人说:"这些医生就喜欢给没有病的人看病,借以显示自己的医术高明。"

十天以后,扁鹊又去见蔡桓公,说:"你的病已经发展到肌肉里了,不治会变得更严重的。"蔡桓公听了很不高兴,没有理睬扁鹊。扁鹊只好告辞了。

又过了十天,扁鹊再去见蔡桓公,说:"你的病已经转到肠胃里去了,再不医治就有危险了。"蔡桓公还是不理睬他。

再过了十天,扁鹊去见蔡桓公时,只望了他一眼,什么也没说,转身就走了。蔡桓公觉得很奇怪,派人去问扁鹊。扁鹊说:"病在皮肤里,用汤药洗和热敷就可以见效;病在肌肉里,扎针可以治好;病在肠胃里,服药还来得及。现在病已经到了骨髓里,我也没有办法了。"

五天后,蔡桓公感到浑身疼痛。他赶忙派人去找扁鹊,可扁鹊早就离开了。不久,蔡桓公就病死了。

以锥刺股的故事——苏秦

- 出生地：雒(luò)阳（今河南省洛阳市）
- 生活年代：生年不详—公元前284年（战国）
- 主要成就：游说六国合纵抗秦，身任"纵约长"，兼佩六国相印
- 优点提炼：聪明勤奋，勇于创新

中国人

政治家、外交家、社会活动家

　　我叫苏秦，生活在战国时期。那是一个社会动荡不安、诸侯纷争、烽火弥漫的时代。不过，那也是一个谋士辈出的时代。如果谁能够帮助自己的君主打赢一场战争，获取到土地和牛羊，不管他的出身如何，都能马上受到重用，飞黄腾达。

我出生于当时东周雒阳的一个普通家庭,祖祖辈辈都是面朝黄土背朝天的农民,偶尔靠做些小生意来维持生计。父亲希望我像他一样,一辈子过平平淡淡的日子。但我却不甘于这种平庸的生活。从小起,我就很崇拜那些学识修养很高、能出谋划策的人。于是,在我幼小的心底升腾起一个愿望,那就是选择一条和家人截然不同的人生道路,去做一位备受人们尊敬的谋士。

那时候,并没有像今天这样的入学、就业选拔考试,一个人如果想要出人头地,就先得靠自己的一张利嘴,去说服诸侯相信自己的才能。带着三寸不烂之舌游说诸侯的人很多,但真正的成功者却寥寥无几。可以说,我选择的这条路风险系数非常大。父亲对我的前途很不看好,为此还找我专门谈话。"儿啊,我们这样的生活虽不富足,但也算安逸,可你为什么老想着那些不切实际的事情呢?"

"父亲,您不要这样说。天下之大,无所不能。我只是不愿被束缚在这片狭小的土地上。"

"但是你有没有认真想过,如果你得不到诸侯的赏识,将来要如何立足,如何生活下去?"

"父亲,您以前不是教导我,凡事都要勇于尝试,只要用心去做了,即使失败,也不必后悔吗?"

父亲看我决心已定,便没有过多阻拦。也许他当时在想,你现在年纪还小,等你在外面闯荡些时日后,吃些苦头,再回来也不迟。就这样,我离开了家乡，开始周游各国。一来为了寻找名师，学习本领；二来是向别人推荐自己，为以后出山做准备。我首先来到了东边的齐国。当时执政的是齐宣王，他比较重视读书人，因此，齐国的学习风气非常浓厚。

在那里，我有幸结识了对我影响很大的一位老师——鬼谷子，还认识了后来响当当的一些人物，如庞涓、孙膑、张仪等。那段时间，我得到恩师的谆谆教导，学问有了很大长进。不久，我的师兄庞涓就因为才华出众，被魏国的国君看中，高薪聘请去担任要职。看到他这么有出息，我对自己的未来也充满了信心。

终于有一天，我觉得自己学有所成了，便向老师提出想要去社会上闯荡。临走时，老师送给我一本名为《阴符》的书，嘱咐我要多看多学，继续领悟谋士之道。

初出茅庐的我踌躇满志，满以为自己会如鱼得水，很快受到重用。结果却和我想象的相差太远了。我游说了几位诸侯，却没有得到一个人的赏识。在外漂泊了一段时间后，我不仅一无所获，而且连家里给的生活费都用完了。身上的衣服已经破旧不堪，鞋子也破得散了架，只好自己编了双草鞋穿上。在我走投无路之际，我突然想到了回老家。是呀，我还有家，先回家再想想办法吧。

我狼狈地回到家。父亲看到我落魄的样子，知道我混得很差，便忍不住唉声叹气。哥哥、嫂子听说我只会傻读书，连农活儿都不会干，就在背地里嘲笑我，还经常不给我饭吃。

唉，没想到在外面失意，在家里也感受不到温暖，我变得十分苦闷、消沉。

一天，我无意中翻出了老师送给我的那本书。为了排解内心的苦闷，我就认真地阅读起来。让我没想到的是，这本我之前读过无数次的书，这次一读却读出了不同的感受。我似乎明白了老师要我多读、多钻研的真正目的了。

之后的一段时间，我搬出了家里所有的书，每天发愤苦读，努力思考。在昏暗的油灯下，我经常一读就是一夜。有一次，我实在是太累了，看着看着书竟不知不觉地伏在桌上睡着了。第二天醒来时，想着又浪费了大好光阴，我懊悔不已。

有没有什么方法让自己读书的时候不会睡着呢？我想啊想啊，也没想出满意的方法。一天，我在读书时又趴在桌子上睡着了。不知道过了多久，我猛然惊醒，因为我的大腿被什么东西扎了一下。我睁开眼一看，原来是放在桌上的锥子，它在我睡觉挪动身体时掉下来，刚好扎在我的大腿上。虽然我的大腿被扎了个小洞，伤口很痛，但我却喜出望外，因为我找到了让自己看书的时候不困的方法了。

从那以后，我在读书时只要一想打瞌睡，就用锥子刺一下大腿，我的精神马上就振奋起来。就这样，经过一年多的苦读，我的本事又长进了不少，对国家大事也形成了自己的见解。于是，我再次走出家门，开始一步步踏上自己的逐梦之路。

当然,我并不希望大家像我一样,用极端的、伤害自己身体的方式来逼迫自己学习。不过,从思想上端正学习态度,不断激发自己学习的热情,这才是我想要告诉你们的。

 延伸阅读

我还是我,并没改变

苏秦回到家苦读了几年书后,再次打点行囊,告别家人,周游列国去了。

这一次，他终于得到了赏识，而且使得燕、赵、韩、魏、齐、楚六国的君王都同意了他的"合纵抗秦"的主张。由此他一人兼佩六国相印，风光无限。有一次他路过家乡，父老乡亲们都争相出来一睹他的风采，他的兄嫂也在其中。

苏秦看到自己的嫂子恭恭敬敬地站在路边上，就笑着对她说："嫂子呀，我上次回家，你对我翻着白眼，很傲慢地教训我。这次我回家，你却这么恭敬。态度相差这么大，这是为什么呢？"

他的嫂子一听这话，连忙跪下，像鸡啄米一样地磕头，大气也不敢出，过了半天，才嗫嚅着说："因为你这次回来官位高、金子多呀！"

苏秦听了，不觉感叹道："我还是我，并没改变。富贵时每个人都敬畏我，而贫贱时连父母、兄嫂都鄙视我。唉，要是我当初胸无大志，守着一个货摊或几亩良田过自己的小康生活，哪有今天的荣耀呢！世人的眼光也太短浅了点儿啊！"

嫂子听苏秦这么说，羞得脖子根都红了。

读万卷书，行万里路——司马迁

- 出生地：夏阳（今陕西省韩城市）
- 生活年代：公元前145年或公元前135年—卒年不详（西汉）
- 主要成就：编著了中国第一部纪传体通史《史记》，它被誉为"史家之绝唱，无韵之离骚"
- 优点提炼：求知欲强，注重知识和实践相结合

中国人

史学家、文学家

　　我叫司马迁，司马是我的姓氏，是一个比较常见的复姓。我出生于一个世代的官宦之家。我的父亲是太史官，相当于现今国家档案馆馆长之类的文职。然而，当时国家并不太重视这一学术领域，因此父亲经常被其他官员瞧不起，工资也非常少。

我在十岁之前都被寄养在黄河岸边的老家。那里属于关中地区，八百里秦川连绵起伏，河流奔腾一去不返，风景十分壮丽。每当面对这些场景，我都会想，山河的另一边是一个怎样的世界呢？

虽然家族世代为官，但由于担任的都不是要职，我们的生活并不是传说中的锦衣玉食。有时候为了补贴家用，我家人还要亲自下地干些农活儿。我那时虽然年纪小，也会跟随大伙儿一块儿去放牛牧羊。

在我很小的时候，父亲就有给我讲故事的习惯。每次他都讲得眉飞色舞，而我也都听得津津有味。我经常纳闷儿：为什么他的肚子里总有倒不完的墨水，说不完的故事呢？于是我暗暗立志：长大后我也要像父亲一样，成为一个满腹经纶的人。

我经常把从父亲那里听来的故事讲给小伙伴们听，赢得他们的追捧。这让我感觉非常自豪。至今，我还记得当时的场景：天高云淡，成群的牛羊在不远处吃草。风儿从身边吹过，对面的高原上不时传来牛羊的叫声。而我呢，则是被一群小朋友围坐在中间，给他们讲好听的历史故事……

讲着讲着，我的故事都快讲完了，可父亲却因公务繁忙，回家次数越来越少了。我非常着急，如果等他下次抽空回来再给我补充"新鲜货"，那还不知道要等到什么时候呢！我知道父亲的故事都是从书上得来的，不如我自己也去书上找故事好了。

又过了一段时间，父亲回来后对我说："迁儿，爹给你讲了这么久的故事，却一直没有教你念书写字。你要想学习更多的知识，就要拿起书本自己去读。今天，我先教你读一卷书吧！"说完，父亲拿出一卷书在我面前晃了晃。

我走近瞧了瞧，这不是我前几天看过的那卷书吗？于是我对他说："爹爹，这卷书我已经读过啦，并且会背了！"

听我这么一说，父亲很惊讶，问道："没人教你，你怎么读的呀？"

"您不记得了吗？您上次离家之前给我讲了一个故事，后来有一天，我在书房玩，看到了这本书，就请人把书里的内容念给我听。我才知道您说的故事就是这本书上的内容，就记下来了。我真的会背，不信您抽查一下！"

"哈哈哈，真的？那你给我背一段吧！"

于是，我一字一句、字正腔圆地开始背起来。父亲认真地听着，还不时高兴地点着头。故事背完后，他竖起大拇指对我说："孺子可教也！"

从那以后，我不仅可以从父亲那里听到故事，还开始认字读书，学习其他知识。

除了学习用功、过目不忘之外，我还经常做出一些让父亲惊讶的事情。也许是出于家族良好的基因，再加上勤学好问，我在读书方面特别有长进。等我满十岁后，父亲决定带我去京城长安游学"镀镀金"。

到了长安，我脱离了农家放牛牧羊、自由自在的闲散生活，开始在父亲的指导下，把所有的心思都花在读书上。很快，我便诵读了《左传》《国语》《尚书》《春秋》等大量史籍，也接触到天文、地理、兵法、商业等实用知识。

长安是当时的都城，那里人才济济。父亲为人豪爽，因此结交了不少德高望重的读书人，他们也都很乐意指导我。当时的大学问家孔国安和董仲舒都是我的恩师。在他们的教导下，我受益匪浅。

几年的读书生活让我的视野变得更加开阔了。为了获得更多鲜活的知识，我征求了父亲的同意后，开始了"背包客"的生活。这也算是圆了我小时候的"游侠梦"吧！如果说，之前从书本上读到的东西让我的知识架构得以成形，那么后来的游历生活则是我建成知识宝塔不可或缺的原材料。

离开长安,来到淮水边上的大泽乡,我收集到了陈胜起义的第一手资料;在汨罗江边,我深切体味到屈原当初投江的愤懑心情;游历到会稽山,我感受到越王勾践卧薪尝胆的坚忍;来到彭城(今江苏省徐州市),我仔细聆听老百姓讲述刘邦项羽楚汉相争的故事……我的足迹遍布了祖国的大江南北。我边走边学,祖国的壮丽山河、自然界的雄伟奇特、社会生活的包罗万象,无不充实着我的胸襟,也丰富了我的阅历,培育了我爱国的情怀。

延伸阅读

司马迁与《史记》

司马迁的父亲在临终前对儿子说:"我有一个心愿,想写一部贯通古今的史书。你一定要继承我的事业,帮我实现它。"司马迁含泪接受了父亲的嘱托。

从此,编纂史书成为司马迁毕生的心愿和责任。他从皇家藏书馆中整理出很多历史典籍,还阅读了大量在外面看不到的书籍和重要资料。为了让记录的内容更加翔实生动,他还周游全国、遍访古迹，尽可能多地收集历史资料。

然而，修史的宏伟计划才刚刚开始，不幸的事情就发生了。当朝的名将李陵兵败被俘，投降了匈奴。司马迁因为辩说李陵杀死了很多敌人，战败被俘，并不是真心投降，竟被判处了宫刑（古代阉割生殖器的残酷刑罚）。

为了能够完成自己和父亲的梦想，司马迁忍受着精神和身体上的巨大痛苦，忍辱负重，埋头编纂史书。在奋战了十四个春秋之后，司马迁终于完成了心愿，编纂出了一部举世震惊、历代传颂的著作——《史记》。这部书后来被人称为"史家之绝唱，无韵之离骚"，列为前"四史"（《史记》《汉书》《后汉书》《三国志》）之首，与《资治通鉴》并称为"史学双璧"。

为争气而勤奋好学
——匡衡

出生地：东海郡承县（今山东省枣庄市）

生活年代：生卒年不详（西汉）

主要成就：对《诗经》理解颇深，为当时经学家所推崇

优点提炼：有志气，勤学苦读

中国人

丞相、经学家

　　我叫匡衡，父母还给我取了个乳名叫匡鼎，平常他们都亲切地称我为"鼎儿"。我们家世代务农，从来都没有出过读书人。可到我这一代，总算是开了天眼，我竟然非常喜欢读书。虽然读书人与农民两者的身份有些格格不入，但是父母知道我喜欢读书后，十分高兴。他们可不想一

辈子都务农，一辈子受穷下去。

虽然我喜欢读书，但是家中却没有钱送我进私塾。俗话说，"穷人的孩子早当家"，我比同龄的小伙伴们懂事都早。我知道，对于一个贫苦家庭来说，能保证吃得饱、穿得暖才是最最重要的事。我不能指望家里供我读书，但我也不会让自己的读书梦破碎。反正我也是闲在家里，何不出去打打工、为自己挣学费呢？我心里这么想着，于是就帮有钱人家做些杂事，来换取生活和学习的费用。

有一天，我在山坡上放牧的时候，看到山上的一块石碑上刻着好多字。这可是个学习的好机会。于是，我蘸着口水，仿照石碑上的字，一笔一画地学起来。练习了一段时间后，石碑上的字都已经深深地刻在了我的脑海里。我把这些字写给私塾先生看，让他告诉我这些字的读音和意义。私塾先生是个好心人，仔仔细细地给我讲解，我一下就记住了。就这样，久而久之，我也认识了不少字。

记得有一年的端午节，母亲拿出一个葫芦，对我说："鼎儿，这个葫芦是我们家的吉祥物。快挂在门上吧，让它保佑我们健健康康、平平安安，也保佑你将来能出人头地！"

我从母亲手中接过葫芦，想到自己之前在石碑上学会的字，于是仿照石碑上的字体，用木炭在葫芦上写上了"吉祥"两个字。

我满意地看着葫芦上的字，正准备挂到门上时，三个比我大好几岁的富家公子哥从我家门口经过。看到我手上提着的葫芦，他们中一个矮个子鄙夷地问道:"这两个字是你写的?"

我老实地点了点头。矮个子撇撇嘴,一脸不屑地又说:"看来放猪娃也会写字了啊!"

我听了他的话,心里颇有些不爽,于是反问道:"放猪娃就不能识字了吗?"

"当然能!不过我看这'吉祥'二字还真有些俗气,你应该写'万寿无疆',这样才显得霸气。"一个高个子走过来说,脸上带着一抹不易察觉的狡黠微笑。他顿了顿,接着问,"'万寿无疆'你会写吗?"

高个子话音刚落,一直没吭声的另一个公子哥就抢过我手中的木炭,说:"我替你写吧!"

我还没来得及反对,他就把葫芦上的字擦掉,然后又"唰唰"地写上了四个字。

做完这一切,他们有说有笑地离开了。我也没有多想,就把葫芦挂在了门外。

没过多久,母亲的一位友人看到我们家挂在门外的葫芦,好心提醒:"你们门上怎么挂着写了'槽头兴旺'的葫芦啊!"

听到友人的话,母亲气得差点儿晕倒在地。槽头,那是给牲口喂饲料的地方。没想到,我因为不识字,被人捉弄了一番!于是,我下定决心,一定要学习识字,不能再这样任凭别人欺负和捉弄。

白天,我要养猪、砍柴、干杂活儿,想要抽时间来学习,还真是有点儿吃力。于是我就趁中午歇息的时候看书。但这样的时间毕竟太少，一卷简册（简卷是我们那个年代的书，是把文字写在一片片竹简上，再连接而成的）至少需要十天半个月才能读完。这样的进度可不行啊！我心里开始着急起来。后来，我转念一想，长夜漫漫，我完全可以利用晚上的时间来读书啊！可是，我家里穷，连点灯的油钱也付不起，黑灯瞎火的怎么看书呢？

我想来想去，总也想不出办法来。偶然一次，有个念头钻进了我的脑袋：邻居家很富有，每天晚上都点着好多蜡烛，我何不去他家借块地方读书呢？不过，邻居可是一个刻薄无情的家伙，不知道他会不会答应。

我犹豫了好久，最后终于鼓起勇气向邻居说出了我的请求。果然，一向趾高气扬的邻居断然拒绝了我的请求，还挖苦我说："你连蜡烛

都买不起，还读书干什么！"

我当时气得浑身发抖，却极力压抑着自己的怒气。要知道，这可不是生气的时候，还不如自己争口气，努力把书读好。

当天晚上我回到家，躺在床上默诵白天读过的书时，突然发现从邻居家的墙壁缝隙中透过了一丝亮光。这下可有办法了！我用小刀顺着墙壁缝隙，挖成了一个手指头粗的小洞，这样透进来的光亮就更多了。我捧着书凑过去，太好了，竟然可以借着这微弱的烛光读书了！

当然，这件事情可不能让那目中无人的邻居知道，不然这一线希望肯定会被他无情地抹杀。于是，我白天就用干草把洞堵住，等到晚上开始看书时，再把干草拿掉，借光努力读书。

借着邻居家微弱的烛光，经过十几年的苦读，我终于成为一个有学识的人。

延伸阅读

见识决定高度

虽然家贫，但是外界的不利条件并没有阻挡匡衡学习的决心。他从小便在艰苦的环境中博览群书。

到汉元帝时，匡衡被推荐担任朝廷要职。在这期间，国家先后遭遇了日食和地震。由于当时汉元帝初登帝位，害怕天降灾难，于是向群臣咨询解决的办法。

匡衡凭借自己丰富的学识，有凭有据地一一列举这些天象只是一种大自然的变化，与人类的行为处事无关，同时指出人类的福祸完全取决于朝廷对民众的教化倡导。

看到匡衡的奏折，汉元帝大受启发，从此紧缩宫廷开销，亲忠臣，远小人，励精图治。匡衡也因此得到汉元帝的赏识，仕途一路顺畅。这些可都跟匡衡之前的勤学苦读经历分不开啊！

做生活的有心人
——蔡伦

出生地：桂阳郡耒(lěi)阳（今湖南省耒阳市）

中国人

生活年代：61年—121年（东汉）

发明家

主要成就：改进造纸术，使造纸术成为中国古代四大发明之一

优点提炼：善于观察，勤于思考

在我七八岁的时候，爸爸就把我送到学堂读书。我很用功，学习成绩很好，经常受到老师的表扬。我不光对读书感兴趣，对生活中常见的东西也很好奇。爸爸是专门编竹篮子的，手特别巧，他编的竹篮

别人都抢着买。我没事的时候就蹲在爸爸身边，一边看一边学着编，很快也能编得有模有样了。但是我并不满足，总是暗中琢磨，还有没有别的编织技法？能不能再设计几种更好看的图案？

一次，有人在爸爸那里订了几十个竹篮，质量要求很高，并且留给爸爸编篮子的时间很短。爸爸一心想早点儿编好，就没白天没黑夜地编啊编啊，把眼睛都累坏了。眼看着离交货的时间越来越近了，爸爸的眼睛却是又红又肿，怎么办呢？

我说："爸爸，我来帮您编吧。"

爸爸说："这批篮子，买主很挑剔的，你哪能行呢？你还是上学去吧，别耽误了功课。"

我说："这批篮子如果不能按时交货，您在买主心目中就会失去信用，以后谁还在您这里订货呢？那样的话，我就是想上学，您也交不起学费呀！还不如让我试试呢，说不定这一关咱们能闯过去。"

爸爸一听，觉得我的话也有道理，但仍不放心我的编织手艺，一时没了主意。这时妈妈插话道："要不，让孩子试试吧。他编的东西我见过，挺好看的。"

爸爸实在想不出别的办法，只好同意了。于是，我和爸爸一起编起篮子来。我把自己平时琢磨出来的编织技法和图案都用到这些篮子上，编出的篮子各式各样，又漂亮，又结实。订货的人把这些竹篮拿到市场上去卖，很快就被人抢购一空。他很高兴，又向爸爸订了几十个。

这回，爸爸开始向我请教了……

十岁那年，朝廷到各个郡县挑选心灵手巧的孩子进皇宫，我被选中了。爸爸妈妈一听，好像遇上了塌天大祸一样，抱着我失声痛哭。我见他们这么难过，就说："既然你们不愿意我去，那我就不去吧。"

爸爸哭着说："皇上的话，谁敢不听啊！要诛灭九族的呀！"

就这样，我只好离开爸爸妈妈，进宫当了一名小太监。进宫以后，我先是干一些杂活儿。后来皇帝见我读过书，有文化，并且手脚勤快，办事可靠，就让我专门服侍他。皇帝每天要批阅奏章，而奏章都是写在竹木简上穿起来的，十分笨重，一份奏章就是一大捆，有好几十斤。我每天都来回搬一捆一捆的竹木简，累得腰酸背痛。我想，能不能制作一种轻便好用的书写材料，来取代笨重的竹木简呢？虽然有这种念头，可是我不敢说出来。

过了几天，皇帝和皇后在一起画画。皇帝派我拿出几卷贵重的丝帛给皇后用。皇后画得不好，很快就把丝帛用完了。皇帝心疼得不得了，因为丝帛很贵重，一般人用不起，就是皇帝，也要节省着用。

皇帝叹了一口气，说："唉，如果能有一种东西，写字画画都方便，该多好啊！"

我心里一动，皇帝和我想到一起去了。这时皇帝扭头问我："蔡伦，你说这种东西能制出来吗？"

我想了想，恭恭敬敬地说："前人为了解决这个难题，发明了纸。

可是那种纸很粗糙，不适宜用作书写材料。如果把纸改进一下，把它造得又轻又薄又白，肯定能用来写字画画。"

皇帝高兴地说："好，你以后上上心，看能不能造出这种又轻又薄又白的纸来。"

从此，我就像着了魔一样，一门心思琢磨怎么造纸。由于丝帛符合新纸轻便的要求，于是我仔细观察了丝帛的生产过程，发现它是由纤细的短纤维粘在一起搓成线再织成的。我深受启发，把新材料定位在与丝帛相似，但又必须取材容易、价格低廉上。我想了好长时间，也没有想出用什么作新材料。

有一天，我满怀心事到城外去散步。走着走着，我忽然看到旁边的小溪里漂着一些湿湿的、破破烂烂的、像棉絮一样薄薄的东西。这些东西怎么跟丝帛里的短纤维这么相似呢？能不能用它替代丝帛呢？

我快步走到小溪边，蹲下身子捞起水里的那些棉絮状的东西，然后问河边的农夫："老人家，您知道这东西是怎么形成的吗？"

农夫笑着说："这些东西呀，原本是漂在河里的树皮、烂麻、破渔网什么的。它们被水冲泡，又被太阳晒，时间长了就成了这模样，到处都是呢！"

我顿时来了灵感，马上回宫投入紧张的实验和制作中。我挑选树皮、破麻布、旧渔网等，让工匠们把它们切碎剪断，放在一个大水池里浸泡。过了一段时间后，我又让工匠们把浸泡过的原料捞起来，放到石臼里不停地捣碎搅拌，直到它们成为稀浆。然后再用竹篾把稀浆捞出薄薄的一层，放在太阳底下晾晒，等完全晾干以后揭下来，竟然变成了一张白纸！

这种新纸轻薄柔韧，并且价格低廉，非常实用。

> 延伸阅读

蔡伦铸剑

蔡伦做事非常认真，进宫后慢慢地升了官，主管宫内御用的器物和手工作坊。

有一次，皇帝的佩剑不小心折断了，蔡伦奉命去督造天子剑。为了造好这把剑，他先是在皇家藏书馆遍阅工艺书籍，然后又到作坊去进行技术调查。当他听说民间有一位老工匠的铸剑技艺非常高超时，就亲自去向这位老工匠请教铸剑方法。

当时正值盛夏，酷热难当。蔡伦为了掌握关键技术，亲自上阵去练习铸剑。只见他光着上身抡锤敲打烧红的剑身，汗水不断地往下流淌，裤子都浸湿了。他的这种好学精神最终感动了老工匠，于是将毕生绝学——淬火技巧（是指将金属加热到某一温度，在保持一段时间后又让它快速冷却的方法）传授给了他。

蔡伦掌握了淬火的技巧后，又经过反复的实践，终于造出了一把锋利而又坚固耐用的天子剑。

少年学医
——华佗

出生地：沛国谯县［今安徽省亳（bó）州市］

中国人

医学家

生活年代：约145年—208年（东汉末年）

主要成就：发明"麻沸散"，用于最早的麻醉手术；创编"五禽戏"，教导人们强身健体；擅长外科医术，被称为"外科圣手""外科鼻祖"；著有医书《青囊经》。

优点提炼：好读书，勤钻研

　　我叫华佗，生活在一个医疗条件很落后的时代。小时候，我的家乡瘟疫横行，很多人在不知不觉中就染病死了。有一天，父亲带我去城里看比武，傍晚回到家后，我还没从看比武的兴奋中恢复过来，父亲却突然得了急病，没两天就去世了。

虽然我当时还只有十来岁，但这件事情对我的震撼很大。我想：如果有一个医术高明的医生能为我父亲医治，他也许就可以活下来了。父亲的悲剧已经无法挽回，但我的身边还有很多人正在饱受疾病的痛苦，于是我渐渐萌发想要外出学医的念头。

可如果我走了，母亲怎么办呢？我向母亲说出了我的担忧。母亲却微笑着说："你有这份心，我就很开心了。如果你以后学成医术，能为乡亲们解除病痛，这才是为娘最想看到的。你放心去吧，我的身体还好着呢。"

于是，我告别母亲，踏上了学医之路。我听说有位医术高明的治化长老住在山上的琼林寺，就决定去那里学医。我跋山涉水，经过半个月的风餐露宿，终于到了目的地，见到了治化长老。

治化长老答应收我为徒，但是首先我得做几年杂活儿。我开心极了，心想只要能学成医术，不管要我干什么，我都愿意。

可事情远没有我想象中那么简单。开工的第一天，师傅把我带进一个院子。那里到处都是病人，我的工作就是照顾病人，为他们端屎端尿。刚开始，我一点儿都不适应。但慢慢地在跟病人的接触中，我积累了很多经验，了解到不同的病情会有什么样的症状，也观察到病人病情的变化。就是这些看似琐碎的事情，让我学到了不少的宝贵知识。

师傅有一本叫作《医案》的书。这是他根据自己的医学经验编写而成的，可以说凝聚着他的医术精华和毕生心血。师傅一有时间就会翻开《医案》看上一会儿。我也很想找机会拜读一下这本书。

有一天，机会终于来了。我看到师傅又在看书，这时一名小师弟端着洗脚水正要给师傅送去。我拦住小师弟，对他说："让我来吧。"我把洗脚水端到师傅面前，一边给师傅洗脚，一边偷瞄他手中的《医案》。

我这点儿小心思马上就被师傅看穿了。他摸摸胡须，微笑着说："华佗啊，你要是想看这本书，就拿去看吧！"

"真的吗？"我眼睛里泛着光，欣喜万分，拿起书就往外跑。

我把自己关在房间里，如饥似渴地读起来。书里记录的很多东西都使我感到新奇。经过短短几天的阅读，我感觉自己仿佛进入了另一个世界。那里有着无尽的知识可以学习，也有无尽的问题可以探索。

这样持续了半个多月。有一天晚上，我正在看《医案》，一位小师弟跑进来慌慌张张地说："不好了，师傅生病了。你快去看看吧！"

我赶忙跑到师傅的房间，看到他直挺挺地躺在床上，眼睛紧闭，口吐白沫，看起来情况非常糟糕。师兄弟们围在师傅身边，讨论着师傅的症状，但是谁都说不出个所以然来。我凑到师傅跟前，仔细观察了他的气色，然后俯身听了听他的呼吸声，再为他把把脉。做完这一切之后，我像是突然明白了什么，笑着说："大家放心吧，师傅没病。"

"怎么会没病呢？"

"你再仔细看看。师傅病成这样，可不能开玩笑啊！"师兄弟们纷纷说道。

这时，师傅突然睁开了眼睛，笑呵呵地说："大家不要再争了。我是没病，只是想要考考大家的观察力和判断力。"

在大家的惊叹声中，师傅从床上坐了起来，接着说："你们刚才都给我看了病，但是只有华佗能确定我是在装病。作为你们的师弟，他来这里学医的时间比你们晚，但要论医术，他却比你们高明。这是因为他比你们要用功得多啊！"

听到师傅的赞赏，我的心里乐开了花。我暗暗下定决心，一定要把师傅的《医案》钻研透彻，学到更高明的医术。

可是，等到我回到房间时，却发现桌上的《医案》被倒下来的蜡烛烧毁了一大半。看到这个情形，我的心里充满了愧疚。我想：师傅的心血就这样毁在我手中，我怎么对得起他老人家啊？不行，我得想

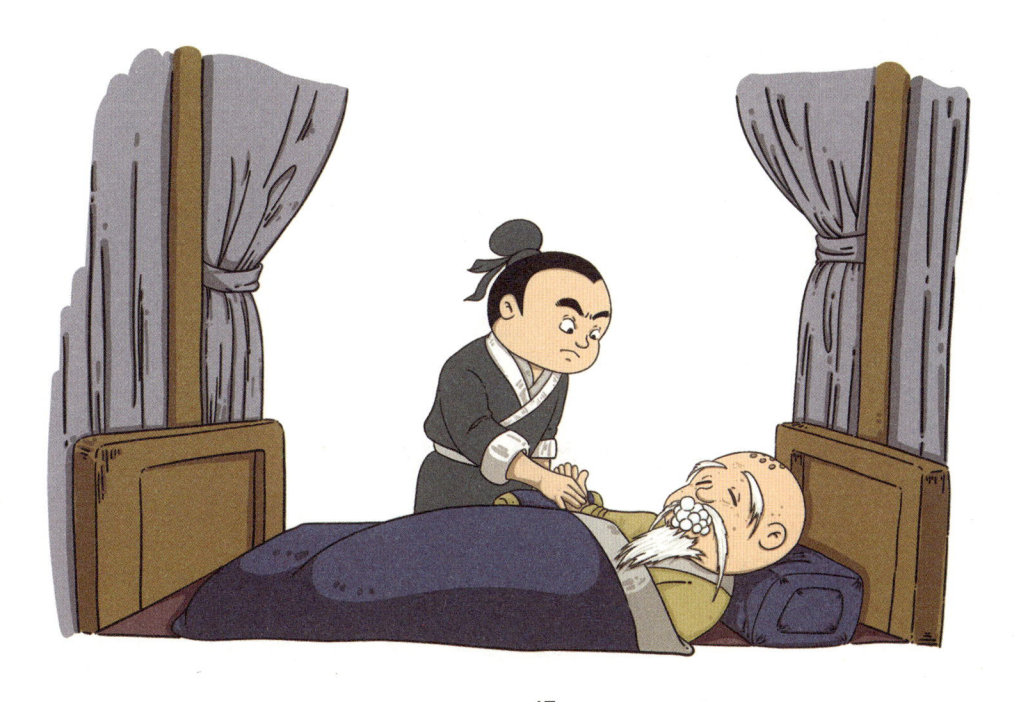

办法挽回这个损失。

我定了定神，努力回想着《医案》上的内容。神奇的是，我竟然能流利地把文字背诵出来，这让我欣喜若狂。我急忙把背诵出来的内容记录下来。就这样，我凭着记忆修复了师傅的《医案》。

第二天，我一大早就把烧毁《医案》的事情告诉了师傅，并且把复原的新书拿给他看。师傅看到我的"补救"，惊讶得张大了嘴巴，里面简直可以装下一个鸡蛋了。

师傅翻了翻我的新书，笑着对我说："其实，那本《医案》并没有被烧掉，毁坏的只是一个抄录本。这也是我对你的另一次考验。没想到你还真是过目不忘，差不多全部都记下来了。"

听到师傅的话，我真是哭笑不得。但是我又非常开心，因为通过了师傅的考验，这就是对我勤奋学习的最高奖励。

延伸阅读

济世救人的华佗

华佗在漫长的行医生涯中，一直把济世救人当作自己的使命。他不求虚名，不图官位，只求能为老百姓排忧解难，祛除病痛。

华佗的声名远扬，甚至传到了丞相曹操的耳中。曹操患有偏头痛的毛病，正渴求一位良医。于是，他把华佗请到丞相府，专门医治自己的偏头痛。等曹操的病情有所缓解之后，华佗心中还挂念着那些处在病痛中的穷苦百姓，于是提出要离开丞相府。曹操极力挽留，盛情难却之下，华佗只好又待了一段时间。但他救民心切，精神上备受煎熬。终于有一天，华佗以妻子生病必须回家探病为借口匆匆离去，之后再也没有回到丞相府。曹操知道后震怒，竟然以欺骗罪将华佗杀害。

华佗死后，他高超的医术和济世救民的美名一直被后人传颂着。

爱动脑筋的"笨蛋"——祖冲之

出生地：丹阳郡建康（今江苏省南京市）

生活年代：429年—500年（南北朝）

主要成就：创制《大明历》；写作《缀术》；精确推算出圆周率在3.1415926和3.1415927之间，是世界上最早把圆周率数值推算到小数点后第七位的科学家

优点提炼：爱动脑筋，注重实践

数学家、科学家

中国人

　　我六七岁的时候，爸爸就送我去读书，希望我将来能出人头地。可是我对"之乎者也"一点儿兴趣也没有，学习成绩也很差。

　　有一天，爸爸抽查我的学习情况，让我背《论语》给他听。尽管

已经学了两个月了，可是我只背了十来句就背不下去了。气得爸爸把书扔到地上，指着我的鼻子骂道："你到底好好学了没有？两个月才学会这么几句，真是太笨啦！"

我小声嘟囔了一句："我不喜欢读这样的经书。"

爸爸更加火冒三丈："不读经书，你将来会有什么出息？"

我又嘟囔了一句："反正我不喜欢。我以后再也不读经书了。"

爸爸甩手打了我一个耳光，我哇哇大哭起来。听到哭声，爷爷赶了过来，问是怎么回事。爸爸把刚才的事说了，爷爷却说："经书读得多就有出息，读得少就没有出息？我看不一定吧。有人满肚子经书，只会'之乎者也'，却什么事也不会做。"

在爷爷的劝说下，爸爸终于同意不再把我关在书房里学那些枯燥无味的经书了。当时爷爷是朝廷主管建筑工程的官员。为了让我见见世面，他决定带我到建筑工地上去看看。出了家门，我对什么都感到新鲜，不停地问这问那。路上，我听见一群孩子在背一首歌谣，里面有一句"直到十五月团圆"。我的好奇心又来了，扯着爷爷的袖子问："爷爷，为什么只有十五的月亮是圆的呢？"

爷爷回答说："孩子，月亮运行有它自己的规律，所以有缺有圆。人们制定历法的时候，根据月亮在天上的圆缺排定每月的日子，把看不见月亮的那天定为初一，把月亮最圆的那天就定为十五。"

我虽然不能完全听懂爷爷的话，却是越听越感兴趣，脑子里的问号一个接一个。爷爷说："孩子，看来你对经书不感兴趣，对天文倒是用心钻研。正好，咱们家里的天文历书多得很，我找几本你先看一看，不懂的地方再问我。"

从那以后，我常常钻到爷爷的书房去找天文历书看，学到了许多天文知识。我听说有个叫何承天的官员，研究天文很有成就，就缠着爷爷带我去拜访他。见面之后，何爷爷见我对天文这么感兴趣，就说："孩子，研究天文是件很辛苦的事，既不能升官，也不能发财，你这是何苦呢？"

我说："我不想升官，也不想发财，只想弄清楚天地的秘密。"

听了我的话，何爷爷很高兴。他把我领到后院，参观他的一些天文设备。我看到一个用砖砌成的圆池，中间立着一根木杆，就好奇地问："何爷爷，这是干什么用的？"

何爷爷说："这叫土圭（guī），是用来测量太阳位置的。"

我疑惑不解地问道："木杆这么短，太阳那么高，怎么量呀？"

何爷爷笑着说："不是用木杆量，而是根据杆影的方向和长度来量。早晨，太阳从东方升起，杆影朝西，很长。慢慢地，杆影移向西北，越来越短。到了正午，太阳升得最高，杆影最短。下午，杆影又渐渐变长，转向东方，那就是夕阳西下了。"

我似懂非懂地点点头。我又看到地上有一条用砖石砌成的长长的线，就问道："这条线是干什么用的呀？"

何爷爷说："这是正北线。正午的时候，杆影落到线上，我就能看出杆影的长度，每天都不一样。"

听何爷爷这么一说，我马上想到了另外一个问题："何爷爷，夏至的时候，太阳在天空中的高度最高，杆影最短；冬至的时候，太阳在天空中的高度最低，杆影最长。您说对吗？"

何爷爷听了，高兴地捋着胡子说："对，对！你真是个爱动脑筋的孩子啊！"

其实，我不光在天文方面爱动脑筋，在数学方面也喜欢反复琢磨。

一天晚上，我躺在床上，想起《周髀算经》上说圆周是直径的三倍，不禁又琢磨开了："圆周真是直径的三倍吗？"我决定做个实验，亲自量量。

第二天早上，我向妈妈要了一根纳鞋底的麻绳，飞快地跑到村边的大路上。过了一会儿，一个人赶着一辆马车过来了。我上前拦住马车，对驾车的车夫说："我用绳子量量您的车轮，行吗？"

车夫点点头。我把绳子在车轮上绕了一圈，量出了车轮的周长，然后又把这段长度的绳子折成同样长短的三段，再用其中的一段去量车轮的直径。可量了好几遍，每次的结果都是车轮的直径达不到三分之一的圆周长。

我百思不得其解，问车夫："书上说圆周长是直径的三倍，可我量了好几遍，怎么不对呢？"

车夫搔了搔头，说："我只是个赶马车的，这么高深的问题，我怎么知道呢？"

这究竟是为什么呢？这个问题一直在我的脑海里萦绕着，促使着我不断地思索，去追寻答案。

延伸阅读

据理驳斥权臣

公元462年，祖冲之把精心编成的《大明历》呈献给朝廷，请求颁布实行。宋孝武帝就召集大臣商议此事。

权臣戴法兴倚仗皇帝宠幸他，气势汹汹地指着祖冲之的鼻子骂道："古人编制的历法，万代都不能变。你祖冲之一个浅陋的凡夫俗子，有什么资格来改变古历？"

祖冲之坚定地说："我是个凡夫俗子，但我绝不盲目迷信古人。我对周朝以来的历法加以校定验证，改正了很多错误的地方，所依据的道理和事实是经得起推敲的。你如果觉得新历有缺点，只管拿出事实根据来辩论，不要用空话吓唬人！"

戴法兴指不出新历到底有哪些缺点，于是就争论到日行快慢、日影长短、月行快慢等问题上。祖冲之据理力争，一项一项驳倒了对方。

戴法兴理屈词穷，最后竟然蛮不讲理地说："新历法再好，也不能用。"

祖冲之没有被戴法兴这种蛮横态度吓倒，坚决表示："既然发现了旧历法的缺点，又确定了新历法有许多优点，就应当改用新的。"

戴法兴哑口无言。在场的许多大臣被祖冲之义正词严的凛然正气所感动，也被他精辟透彻的理论所折服。祖冲之终于取得了最后的胜利。

实践出真知
——陶弘景

出生地：丹阳秣（mò）陵（今江苏省南京市）

主要成就：人称"山中宰相"；作品有《本草经集注》《集金丹黄白方》《二牛图》《华阳陶隐居集》等

生活年代：456年—536年（南朝）

优点提炼：勤学好问，认真努力

中国人

思想家、医学家、文学家

我叫陶弘景。我的父亲是个博览群书的人，受他的影响，我从小就十分喜欢学习。父亲教我识文断字，更告诉我学习要踏踏实实，不懂就要问。于是我每每钻研书中的知识时，遇到疑惑之处就总是千方百计地去寻找答案。因为我总是有问不完的问题，大家就给我取了个绰号叫"为什么"。

有一天，我在院子里读书，读到一首不熟悉的诗词，其中有个句子把我卡住了。我赶紧跑去私塾请教老师。等我气喘吁吁地跑到私塾老师家里，却听说老师出门爬山去了。仆人劝我等老师回来再请教，但我已经迫不及待了。于是我又一路小跑追到山上去，终于在半山腰找到了老师。

老师看我大老远地跑过来，知道我肯定有疑问，便乐呵呵地和同伴调侃道："看，那个'为什么'又来了。"

我很认真地对老师说："您不是说过嘛，不懂就要问，这才是学习应该有的态度呀。"

"好好好，你说得对！"老师微笑着问，"找我有什么事？"

我向老师请教了诗词中的那个问题，又提出了自己的一些想法。老师对我的见解很感兴趣，就约我一起游玩，我们边走边聊。

在下山的时候，我看到路上有只"黄蜂"抓着一只小虫子从面前飞过。我一下又来了兴趣，大喊道："看，黄蜂要吃小虫子了！"

老师却捋着胡子告诉我："这你就说错了。那不是黄蜂，而是蜾蠃（guǒ luǒ）；它抓的也不是小虫子，而是螟蛉（míng líng）。"

我从没听过这么新奇的东西，急忙问："什么是蜾蠃，什么是螟蛉？我怎么没有听说过？"

老师摸摸我的头，说："这些知识你还没有学到。《诗经·小雅·小宛》里说，'螟蛉有子，蜾蠃负之，教诲尔子，式榖似之。'意思就是蜾蠃只有公的没有母的，等到想要繁殖后代的时候，公蜾蠃就会去找螟蛉，把螟蛉的孩子衔回窝里，然后对着螟蛉的孩子不停地祈祷，于是螟蛉的孩子就会慢慢长成蜾蠃的孩子了。"

我听完后觉得难以置信，反问道："这不对吧？西瓜藤上长西瓜，苹果树上结苹果，难道我天天对着西瓜藤祈祷，西瓜藤就能长出苹果来吗？"

老师一愣，支支吾吾地回答："这……可是……书上就是这么说的呀！"

我再问老师："那您亲眼见过螟蛉长成蜾蠃吗？"

老师摇摇头："我确实没有亲眼见过。"

我拍了拍胸口，认真地说："既然老师也只从书本上读到过，没有真的见过，那怎么能说事实就是这样的呢？我一定要自己去弄个明白。"说完，我急匆匆地跑回家去了，留下老师在身后抚着胡子苦笑。

回到家后，我一头钻进书房查看，一连翻了几十本书，发现书里说的都跟《诗经》里说的一模一样，有的甚至一个字都没有变。

我有些泄气地丢下书本，心想：这些书净是我抄你的，你抄我的，看来光查书是查不出什么名堂了。我为什么不亲自去看个究竟呢？

说做就做。从那天起，我每天一起床就到处去找蜾蠃。可是这些蜾蠃不是去捕食，就是在筑巢，一直没有去抓螟蛉。等了好几天，家人都劝我放弃观察，我却坚持一定要查个明白。

终于有一天，我一走到院子里，就看到一只蜾蠃抓着螟蛉急匆匆地飞过。我拔腿就追，紧紧盯着蜾蠃，生怕跟丢了。

我跟着那只蜾蠃来到了树林里。好家伙，这里居然有一窝的蜾蠃！

我目不转睛地盯着这些蜾蠃的动作，惊讶地发现有一只大腹便便的母蜾蠃竟然把自己的卵产在了螟蛉的身体里。

接连几天，我一有空就往蜾蠃窝那里跑，生怕错过了什么细节。等到蜾蠃的"孩子"都孵出来之后，我才确定书上说的原来都是错的——蜾蠃不仅有公有母，而且它们会自己繁衍后代。

这么说来，蜾蠃的孩子不是由螟蛉变成的，可蜾蠃为什么要抓螟蛉呢？难道只是用来产卵吗？为了找到这个问题的答案，我继续坚持观察。后来我终于发现，蜾蠃巢穴里的螟蛉越来越少，它们是被小蜾蠃一点儿一点儿吃掉了。原来，蜾蠃把螟蛉放在巢穴里，也是在为自己的孩子准备"粮食"啊！

蜾蠃衔螟蛉做子的谜团终于经过我这么细心的观察被揭开了。我把这件事记录下来，并告诉父亲。父亲对我竖起了大拇指，表扬我有探索精神。

第二天上学时，我又把自己的记录交给了老师。老师在课堂上夸赞了我，还纠正了大家对蜾蠃和螟蛉的认识。看着自己研究的结果能够帮助大家纠正错误，我觉得很有成就感。

通过这件事，我得出了一个结论：做学问一定要重视调查研究，不能因为别人怎么说，自己也跟着怎么说，自己通过调查研究得出的结论，才是真实的。

延伸阅读

严谨的批注者

陶弘景做事非常严谨。他整理医学著作的时候，十分尊重原著，绝不乱涂乱改，也不妄加批注。即使有补充，他也会把自己的说法和原著的说法区分开来。

比如他在整理《神农本草经》的时候，往其中加入了自己搜集到的365种药。为了不让读者混淆，他特地用红色的字来表示原著正文，用黑色的字来表示自己加入的部分。后来也就有了"本草赤字"和"本草黑字"的说法，以示区分，也便于读者理解。

由于陶弘景的细心、周密，经他整理过的中医古籍查漏补缺，勘正了不少错误，变得更加准确、实用。陶弘景开创的"红字""黑字"批注法，也被后来的注释家们争相仿用。

铁杵也能磨成针
——李白

中国人　诗人

出生地：碎叶城（唐朝在西域设立的边陲重镇，今属吉尔吉斯斯坦的托克马克市）

生活年代：701年—762年（唐）

主要成就：伟大的浪漫主义诗人，为唐诗的繁荣与发展打开了新局面，开创了中国古典诗歌的黄金时代；代表作有《蜀道难》《静夜思》《月下独酌》《望庐山瀑布》等

优点提炼：才智出众，气度恢宏

你读过"床前明月光，疑是地上霜。举头望明月，低头思故乡。"这首诗吗？我就是它的作者李白。其实除了这首诗以外，我还写过很多脍炙人口的诗歌呢！

提起故乡，我一时还不知道从哪儿说起。我出生在边远的碎叶城，那里居住着很多少数民族。大家穿不同的服装，说不同的语言，来自不同的地方，为了经商或者躲避战乱才偶然相聚到一起。在碎叶城里，小小年纪的我也算是"见多识广"，甚至还会说一些稀奇古怪的"洋文"。

虽然我出生于碎叶城，但我的父亲却是个地地道道的中原人。我从小就学习儒家经典著作，读中原的诗词歌赋，因此受到的教育和中原的孩子一样。

五岁那年，我跟着父亲离开碎叶城，来到了四川江油。新的环境对我来说没什么不适应。我可以和周围的孩子用汉语交流，也可以调皮地在他们面前说几句"外语"。

在父母的悉心教导下，我长到十岁就已经是琴棋书画样样拿手了。在待人接物方面，我也不怯场，表现得落落大方。

记得有一次，家里来了一位客人，正巧父亲不在家。客人有些失望，正要扫兴而归。我想，人家大老远来一趟也不容易，让他这么回去可不是待客之道。

于是，我对那位客人说："叔叔，您先在我家坐一会儿，好好休息一下，说不定父亲很快就回来了。"

客人一想，我说得也对，于是就决定留下来等候。我忙着请客人入座，给他端茶递水，又让家人准备了点心来招待。客人见我这么有礼貌，就笑眯眯地问："你有没有上学啊？读的是什么书啊？"我都一一做了回答。

这样闲坐了很久，父亲还是没有回来。客人坐不住了，再次提出要走。于是我对客人说："请问您尊姓大名？等父亲回来了，我好向他转告！"

客人大概是想考考我的学问，就故意咳嗽了一声，摸着胡须说："我的名字有些难记。我的姓是'有人偷'，名叫'鸟落山头不见脚'。你记住了吗？"

我心想，这不是让我猜谜语吗？不过，这么简单的题目可难不倒我。我信心满满地对客人说："我记住啦！"

客人有些不信："你真的记住了？"

我笑着说："'有人偷'就是把'偷'字去掉单人旁，剩下一个'俞'字；'鸟落山头不见脚'，就是把'鸟（鸟的繁体字为鳥）'字下面的四点水换成'山'字，也就成了'岛'字。您的名字叫'俞岛'。我说得对吗？"

"嗯，不错，不错！"客人听了我的解释，连连点头称赞，转而又说了句，"其实我这次前来，是有一副对联想向你父亲请教。既然你这么聪明，不如你来帮我解解难题？"

我说："好的，您请说。"

客人说出一句上联："梁山栽大竹，无须淋（邻）水。"这句上联看似简单，其实里面包含了"梁山""大竹"和"邻水"这三个地名，对下联的要求很高。

我低头思考了一下，想到了下联："南浦人长寿，何惧丰都。"这句下联不仅意思贴切，而且也包含了三个地名："南浦""长寿"和"丰都"，和上联对仗非常工整。

客人满意地点点头，拍拍我的肩膀说："你小小年纪就这样聪明伶俐，又懂礼貌，将来一定会有出息。"

后来，随着年龄的增长，我在诗词方面表现得更加出色了，周围的人都夸赞我是个神童。这让我有些飘飘然，上课时也不再认真学习，甚至开始逃学了。

有一天，我又没去上学，而是偷偷跑到城外去玩。我晒着暖和的太阳，听着小鸟欢快的叫声，心想：这么好的天气，如果整天坐在屋子里读书，多没意思啊，闷都闷死了！

我一路东瞅瞅、西看看，不知不觉走到了一座茅草屋门口，看到一个白发苍苍的老婆婆正在磨一根铁棒。再看那根铁棒又粗又长，像根棍子一样。

我好奇地走过去，问老婆婆："您这是干什么呀？"

老婆婆说："我想把这根铁棒磨成绣花针。"

我听了大吃一惊，以为自己听错了："铁棒这么粗，绣花针那么细，要把铁棒磨成绣花针，那怎么可能呢？"

老婆婆不以为然，反过来问我："滴水可以凿穿石头，愚公可以移开大山。只要肯下功夫，铁棒为什么不能磨成绣花针呢？"

老婆婆的话让我如梦方醒，原来任何事情都要花工夫认真去做，才能出成果。老婆婆磨一根绣花针都这么用心，我现在正是学习的最佳时期，还有什么理由不努力呢？想到这里，我赶忙向老婆婆告辞，然后向学堂跑去。

延伸阅读

高力士给李白脱靴

李白才华横溢，但是性格高傲，为人狂放不羁。有人把他推荐给唐玄宗,唐玄宗封他为翰林,留在宫里写诗作文。

有一天,皇宫中的牡丹盛开,唐玄宗和杨贵妃在沉香亭赏花,想叫李白过来写几首诗助兴。当时,李白正喝得烂醉如泥,太监们用冷水将他淋醒,可他仍是迷迷糊糊的。

唐玄宗倒是不在意李白的失态,只命他快快写诗。谁知道,李白竟然把脚伸出来,对唐玄宗说:"我写诗有两个习惯,一是要有人帮我研墨,二是要脱掉靴子才能写。不如让贵妃娘娘给我研墨,让高公公给我脱靴吧!"

杨贵妃和高力士是唐玄宗身边最受宠信的两个人,文武百官没有一个不想巴结他们的。再说了,研墨和脱靴都是仆人做的事情,李白竟然提出这样的要求,这让在场的人都大吃一惊。没想到,唐玄宗却不以为意,果真命令杨贵妃给李白研墨,高力士给李白脱靴。

李白酒意稍解,提笔一挥而就,写下了《清平乐》词三首,赞扬牡丹的娇艳和杨贵妃的美丽。词句清新优美,深得唐玄宗和杨贵妃的欢心。高力士也就只好忍气吞声了。

写诗?等我喝完酒再说!

用黄泥浆习字
——颜真卿

出生地：京兆万年（今陕西省西安市）

生活年代：709年—784年（唐）

主要成就：参与平定安史之乱；中国楷书四大家之一，创立的楷书结体宽博、气势恢宏，人称"颜体"，代表作品有《多宝塔碑》《颜勤礼碑》等

优点提炼：勤学苦练，锲而不舍

书法家、政治家

中国人

我三岁的时候，爸爸得病死了，妈妈只好带着我回了娘家。外公家里本来就不富裕，我和妈妈来了以后，日子就更苦了。

外公是个书画家，字写得非常漂亮。他很喜欢我，就教我读书写字。

我也很喜欢书法，练起字来非常用心，每一个笔画都要练上百遍，直到外公满意为止。我的字练得一天比一天好，可妈妈并不高兴，整天愁眉紧锁。

有一天，我拿着写满字的纸到外公的书房，想请外公指点。可到了房门口，听见里面传出外公和妈妈说话的声音。只听妈妈说："父亲，我不想让真卿跟您学书法了。"

听了这话，我大吃一惊，差点儿冲进屋去。这时，就听外公说："真卿这孩子，在书法方面很有天赋，不学书法岂不可惜？"

妈妈哭着说："我也知道真卿是个练习书法的好苗子。可是咱们家里本来就不宽裕，哪有余钱买纸、买笔供他写字呢？"

外公说："买纸和笔的事，我来想办法。真卿学书法的事不能停。"

妈妈说："父亲，您不要骗我了。我知道您为了给他买纸和笔练字，已经开始变卖家里的东西了。"

外公深深地叹了一口气，没有说话。

听了他们的对话，我没有进屋，悄悄地走开了。是啊，练字需要纸和笔，可家里买不起啊！怎么才能解决纸和笔的问题呢？

从那以后，我整天就像着了魔一样琢磨纸和笔的事。这天，一场大雨后，我到满是积水的大街上去散心。我正低着头在路上走，突然听到有人高喊："闪开，快闪开，马惊啦！"

我抬头一看，只见远处飞快地跑来一辆马车，马车的车轮从泥水里碾过，一连串泥浆溅得到处都是。我赶紧贴着墙边站好，虽然躲过了惊马，却弄得满身都是泥浆。看着墙上的泥点子，我的脑海里突然蹦出一个新奇的想法，令我不禁喜出望外。

我回到家里，找到一个破碗，里面倒满水，又抓了一把黄土放进碗里。经过搅拌之后，就变成了一碗泥浆。我又找来几根碎布条，绑在一根短木棍上，变成了一把刷子。

我高兴地跑到妈妈那里，说："妈妈，我想出办法了！"

妈妈不解地问："孩子，你想出什么办法啦？怎么说话这样没头没脑的。"

"我知道您在为纸和笔的事发愁。我已经有不花钱的纸和笔了，妈妈您不用再发愁了！"我稳定了一下情绪，这才把话说明白。

"傻孩子，天底下哪有不花钱的纸和笔啊？"妈妈苦笑着说。

我举着盛满泥浆的破碗和自制的布刷子，说："您看，这只碗是砚，碗里的黄泥浆是墨，这把布刷子就是笔。"

妈妈的脸上露出了惊喜的神色，可是很快又黯淡下来："可是，纸呢？没有纸还是不能写字啊！"

我用手指了指墙壁，认真地说："这不就是现成的纸吗？不信，我写给您看！"说完，我把刷子伸到碗里，蘸满了泥浆，走到墙壁前写了起来。等到墙上写满了字，我又用清水把泥字冲洗掉，然后又重新写起来。妈妈这才高兴地笑了。

有了这些不花钱的纸和笔，我练字更勤了，进步也更快了。

外公为了让我的字写得更好，就带我去拜名师。我先跟着褚遂良学习书法，后来又拜在张旭门下。张老师是当时最有名的大书法家，各种字体都会写，尤其擅长写草书。我多么想在张老师的指点下，尽快学到写一笔好字的秘诀啊！可是他只给我介绍了一些名家字帖，又简单地讲解了一下每本字帖的特点，就让我自己临摹，并没有透露半句练字秘诀。

有时候他还带着我去爬山、游泳、赶集、看戏，回家后再让我练字，或者看他挥毫疾书。

转眼几个月过去了，张老师还是没有教给我练字的秘诀。我心里很着急，只好壮着胆子当面求教："老师，学生想求您把练字的秘诀传授给我。"

张老师说:"练习书法,一要'工学',也就是勤学苦练;二要'领悟',也就是从自然万象中接受启发。这些我不是跟你说过多次了吗?"

我又恳求道:"老师说的'工学'和'领悟',我都知道了。我最想学的是老师行笔落墨的绝技秘方,请老师指教。"

张老师耐着性子说:"就我写字的体会来说,除了勤学苦练,就是观察自然,没什么别的诀窍。如果非要说练习书法有什么'秘诀'的话,那就是勤学苦练。如果你能像王献之一样,练字用光十八缸水,你在书法上也会突飞猛进的。要记住,无论做什么事都要下苦功,否则是不会成功的。"

听了张老师的话,我顿时醒悟过来。从那以后,我再也不找什么所谓的"秘诀"了,而是苦练,苦练,再苦练。

延伸阅读

宁死不降的英雄

公元782年,淮宁节度使李希烈发动叛乱,四处烧杀抢掠。怎么办呢?于是有人向皇帝建议,利用颜真卿的威望,去劝说李希烈归顺朝廷。皇帝同意了。颜真卿知道这一去凶多吉少,可为了国家的安宁，他毫不犹豫地出发了。

李希烈听说颜真卿来了，想给他一个下马威。在见面的时候，他安排部下一千多人手里挥舞着明晃晃的尖刀，围住颜真卿又是谩骂，又是威胁。不料颜真卿面不改色，反倒对着他们斥责道："我都快八十岁了，要杀要剐都不怕，难道会怕你们的威胁吗？"

李希烈又劝说颜真卿投降自己，结果再遭严词拒绝。李希烈恼羞成怒，命人挖了个坑，扬言要活埋颜真卿。颜真卿冷笑道："不要玩这些花招儿！以死报国是我的心愿，你们把我砍了岂不痛快！"

李希烈仍不死心，对颜真卿软硬兼施，可每次都被他骂得狗血喷头。过了一年，李希烈自称楚帝，又派部将逼迫颜真卿投降。士兵们在院子里堆起柴火，浇足了油，点着大火，威胁着说："如果你再不投降，就烧死你！"

颜真卿二话没说，纵身就往火里跳。李希烈一看怎么也不能让颜真卿屈服，就派人去把他勒死了。

颜真卿就义时，大骂不止，视死如归。

走南闯北的实干家
——沈括

科学家、政治家、外交家

中国人

出生地：杭州钱塘（今浙江省杭州市）

生活年代：1031年—1095年（北宋）

主要成就：著有《梦溪笔谈》；精通天文、数学、物理学、化学、地质学、气象学、地理学、农学和医学

优点提炼：善于观察，实事求是

我叫沈括，从小就是一个好奇心很重的人，遇到什么事情都要问个为什么。

记得我很小的时候，母亲教我背诵白居易的诗歌《大林寺桃花》："人间四月芳菲尽，山寺桃花始盛开。长恨春归无觅处，不知转入此中来。"

我背着背着，突然觉得有些奇怪：为什么四月的时候，我们这儿的桃花都开败了，山上的桃花却才开始盛开呢？带着这个疑问，我向母亲求教。

母亲耸耸肩，说道："也许是花开花落也有迟有早吧！"

"那为什么山下的开得早，山上的开得晚些呢？"我继续追问。

"这……"母亲摇摇头，回答不上来了。

问题没有得到最后解释，就像一根刺一样扎在我的心头。我心想：一定要等到春天到来时，亲自去实地弄清楚这个问题。

转眼就到了四月，庭院里的桃花都凋谢了。我约上几个小伙伴一起上山看桃花。临行前，母亲让我们多带了些衣服。我们来到山脚下，见那里的桃花几乎都凋零了。可是抬头望着远处的山顶，却是花团锦簇，看起来像是一片红云。这到底是怎么回事呢？想到马上就能找到答案，我们不由得激动起来，争相往山上跑。

到了山顶，一阵凉风吹过来，我们顿时感觉比之前冷多了。幸好母亲有先见之明，让我们带了衣服。看着眼前开得正艳的桃花，我忽然明白为什么"人间四月芳菲尽，山寺桃花始盛开"了。

我顾不上同行的小伙伴们，拔腿跑回家。前脚刚踏进家门，我就大喊着："母亲，我明白了，我明白了！"

听到我的呼喊，母亲急忙迎了出来，有些摸不着头脑地问道："你明白什么了？"

"明白那首诗上说的啊，为什么山上的桃花开得比山下晚！"我拉着母亲的手，兴奋得又蹦又跳，"原来山上的温度和山的高度有关系，越往山上走，温度越低。桃花盛开的时间是由温度决定的，暖得越晚，花开得越晚。所以山上的桃花就比山脚下开得晚了。"

母亲摸了摸我的头，一脸慈爱地夸奖我："你真是个爱动脑筋的好孩子！"

得到母亲的鼓励，我心里可高兴了。这件事情让我明白，要想获得解决问题的方法，就要进行实践，从生活中寻找答案。

在父亲的官宦生涯中，他经常会被调遣到各地去。我也跟着他走南闯北，饱览了各地的风光，熟悉了各地的风土人情。

有一次，我随父亲居住在泉州时，听说江西铅山县有一泓泉水是苦的。神奇的是，村民们把泉水放到锅中煎熬，就能得到铜。

我对这个传闻很感兴趣，想要验证一下它的真实性。于是，我从泉州来到铅山县，果然发现这里有几道溪水是青绿色的，而且味道苦涩，村民们都称这些泉水为"胆水"。

虽然我不清楚为什么从"胆水"中可以提炼出铜来，但通过实地了解，我证实了这个传闻是真的。

就是这样，我总是闲不住，像鸟儿天生就在空中飞一样，总喜欢在外面行走。在这个过程中，遇到好奇的事情，我都会打破砂锅问到底，问出个所以然来。如果别人也回答不了，我就会自己去寻找答案，而且总会有新的发现。当点点滴滴的发现累积起来，就会成为大大的收获了！

延伸阅读

梦中的居所

沈括本是杭州人，年老后选择定居在镇江梦溪园安度晚年。他为什么偏偏选择镇江呢？关于这个由来，还有个不得不说的传说。

据传沈括在三十岁左右时，晚上经常做梦梦到一个风景秀美之处。那里山清水秀，可以登山、赏花，可以玩水、戏鱼，好不惬意。每次从梦中醒来后，他都念念不忘，希望能找到这样一个居住之处。

后来，沈括托人在镇江买了一块园地。几年之后，当他经过镇江，看到自己买下的这块地，发现竟跟梦中所游之地极为相似。他惊喜万分，果断带领全家迁居至此，建草舍，筑小轩，并将门前的小溪命名为"梦溪"，将庭院命名为"梦溪园"。这就是梦溪园的由来。

痴迷"小制作"的孩子
——郭守敬

中国人

天文学家、数学家、水利学家、仪器制造专家

出生地：邢州龙岗（今河北省邢台市）

生活年代：1231年—1316年（元）

主要成就：修订的《授时历》通行三百六十多年，是当时世界上最先进的历法

优点提炼：爱学习，肯钻研

我从小和爷爷生活在一起。我爷爷叫郭荣，是一个很有学问的人，对天文、算术和水利方面的知识非常精通。受到爷爷的熏陶，我也对天文、水利技术特别感兴趣。夜晚时分，我经常一个人坐在院子里，

望着天上那一颗颗闪亮的星星发呆：星空真美啊！日月星辰到底是什么样子的呢？我渴望了解宇宙的奥秘。

在爷爷的指导下，我从小就喜欢自己动手制作各种器具。有人说我"天生就秉性奇特，从不贪玩"。其实他们哪里知道，我是把心思都用到制作器具上，所以就想不起贪玩了。

有一天，家里来了一位客人子聪和尚。他和爷爷是好朋友，两个人经常在一起切磋天文、地理、算术等方面的学问。子聪拿出一幅《莲花漏图》，兴致勃勃地对爷爷说："这叫天圣莲花漏，是宋仁宗天圣九年由燕肃创制的。它设计得很精巧，是由几个漏壶配合组成的，结构特别复杂，计时也比以前的漏壶精确得多。遗憾的是，现在莲花漏的制作方法已经失传了。它到底是怎么制作出来的，我想了很长时间也没有想明白。"

我听了子聪和尚的话，心想：我知道利用漏壶滴水计时的道理，也见过不少玲珑精巧的漏壶。但是像这种别具一格的莲花漏，却从来没有见到过。

我好奇心大起，壮着胆子对子聪和尚说："师傅，这幅《莲花漏图》能不能借给我看看？"

子聪和尚答应了。从那以后，我把自己关在屋子里，看着图样仔细研究莲花漏的制造方法和原理，最后居然被我想明白了。半个月后，子聪和尚来取《莲花漏图》，我就和他讲起莲花漏各部分的结构和用途。

子聪和尚连连点头，夸我是个神童。

十五岁的时候，我从爷爷的藏书中发现了一张《璇玑图》，一下子被吸引住了。爷爷告诉我，《璇玑图》是一幅观测天象的仪器图，和宋朝的浑仪很相似。浑仪是一种天文观测仪器。

跟见到《莲花漏图》时一样，我又把自己关进房子里，翻来覆去地观察、思考，研究图纸中各个构件的作用。没过几天，我就弄懂了《璇玑图》的构造原理。但是我并不满足，脑海里又有了一个大计划——自己动手，仿制一架观测仪，用来观测星空。

根据古书上的一幅图来制作一架仪器，说起来容易，做起来难啊！不说别的，就说制作仪器的材料吧。当时的天文仪器大多是用铜做的，可我一个小孩子，到哪儿去弄铜呢？如果不用铜，那什么材料既容易弄到，又便于制作呢？我对着图发呆，脑子飞速地旋转着。时间长了，

我的眼睛又酸又胀，只好把目光从图上移开，向窗外望去，打算缓解眼睛疲劳。突然，我的目光被院子里的一片竹林吸引住了，心中顿时豁然开朗。竹子，可以用竹子来代替铜啊！拿定主意之后，我欣喜若狂，立刻找来几张白纸，自己动手开始绘制设计图。这点儿事可难不倒我，设计图很快就画好了。

第二天，我开始实际仿制观测仪。来到竹林，我砍了一些竹节少而笔直的竹子。用这样的竹子来制作仪器，是最合适的材料了。观测仪上有几个很大的圆环，对尺寸的要求非常严，需要把竹子剖成很长的竹篾，而且宽度必须一样。我从砍下的竹子当中，把最合适的竹子挑出来，又用篾刀小心翼翼地把竹子剖成长长的竹篾，再打磨得光溜溜的，然后按照设计图开始编织。我先把做圆环的竹篾两头用刀刻成衔接的斜茬和捆绑的隐槽，接上后再用青色绸条一糊，基本上看不出哪里是接头的位置了。接下来我用尺子一遍一遍地校正规环的弧度，一直达到正圆为止。我一会儿看看图纸，一会儿用尺子对着竹篾量了又量，先编赤道环，再编四游环，最后用竹筒做窥管。虽然每一个构件的制作都失败了很多次，可是我不灰心，不气馁，手指被竹篾上的毛刺扎出了血也咬牙坚持着。

我的那些小伙伴们好几天不见我出去玩，于是到家里来找，才发现我一个人闷在屋里仿制观测仪。他们都跑来帮我，用破瓷碗片把竹篾上的毛刺削得很光滑，我的手也再没有被扎伤过。又过了十多天的时间，我终于把一架完整的竹制天文观测仪造出来了。

仪器仿制成功后，我打算用它来进行天文观测。可是，在什么地方筑天文台呢？我和小伙伴们来到野外，选择了一块地势较高、四周空旷的地方，用土堆出了一个土台。正式测试仪器的日子到了，我走上土台，用手扶着竹制的窥管，成功观测到了二十八星宿中的几个星宿，还观测到了金星和北斗七星。哈哈，我仿制的天文观测仪真的成功了！

延伸阅读

郭守敬与《授时历》

1276年，元世祖忽必烈命令郭守敬主持制定一部新历法。郭守敬接到这项艰巨的任务之后，发现当时使用的天文观测仪器精确度很差，根本不能用。在困难面前，他没有退缩，而是知难而上，研制出简仪、仰仪、玲珑仪等十二种新天文仪器。这些仪器的功能和精度都是当时最先进的。

接下来，郭守敬主持了全国规模的天文观测活动，在全国建立了27个天文观测点，分布在南起北纬15度、北至北纬65度、东起东经128度、西至东经102度的广大地域。经过运算，郭守敬确定一回归年的长度是 365.2425 日,比地球绕太阳公转一周的实际时间仅差 26 秒,和现在世界通用的公历(格里高利历)完全相同。但是,它比格里高利历早了三百年。

1280 年,郭守敬编成新历法,元世祖取名为《授时历》。《授时历》在中国通行了三百六十多年,并传到朝鲜、越南等国,是当时世界上一种先进的历法。

勤于实践的孩子
——徐光启

中国人

科学家、政治家、军事家、农学家

出生地：松江府上海县（今上海市）

生活年代：1562年—1633年（明末）

主要成就：翻译《几何原本》，第一次将西方数学知识介绍给中国人；编著《农政全书》《崇祯历书》《考工记解》

优点提炼：聪敏好学，善于将科学知识运用到生活中

  我的爷爷是一个商人，本来很富有，后来受到倭寇（14世纪至16世纪在我国沿海抢劫骚扰的日本海盗）的掠夺，变成了穷人。爸爸每天在地里辛勤劳作，奶奶和妈妈起早贪黑地纺纱织布，以贴补家用，

但日子还是过得很艰苦。我一生下来，全家人就把将来光大门户的希望寄托在我身上。

在我七岁那年，尽管家里吃了上顿没下顿，都快揭不开锅了，但父母还是千方百计设法送我去学堂上学。我知道父母供我上学不容易，进入学堂后学习非常刻苦。有一天，先生布置了一篇作文，要求第二天上交。我写到深夜还没有写完。妈妈织完布，见我还没有睡觉，就劝我明天再写。我说："这是老师今天布置的作业，怎么能拖到明天呢？我不写完就不睡觉。"听了我的话，妈妈很感动，夸我是个懂事上进的孩子，一直陪着我把作文写完。第二天，老师看了我的作文，在全班同学面前表扬了我。从那以后，我学习更加努力了，成绩也越来越好。

我虽然喜欢读书，但不是个书呆子，甚至有些顽皮。一次，我和同学们爬到一座古塔上去玩。大家在塔里捉迷藏，跑上跑下非常开心。突然，大家听到一阵"咕咕咕咕"的叫声。我们循着叫声去找，发现叫声是从窗户外面传过来的。有个同学来到窗前，探出头去一看，高兴地叫了起来："鸽子，外面有个鸽子窝。"

大家争先恐后地伸出头向外张望，果然在窗外的木檐下有个鸽子窝。他们都想伸手去抓鸽子，可是个子太小了，使劲踮起脚也够不到鸽子窝。就在大家干着急没办法的时候，我说："你们都让开，看我的！"

说完，我跳上窗栏，小心翼翼地挪到木檐旁，悄悄地把手伸进鸽子窝，猛地抓住了一只鸽子。

我拿着鸽子，得意地向塔内的同学们晃了晃。大家见了，立刻欢呼起来，一个个伸出手臂要那只鸽子。我笑着说："别着急，等我走过去再说！"说着，我把鸽子往怀里一塞，准备往回爬。可就在这时，我的脚下一滑，竟然从塔檐上滑了下去……

同学们大惊失色，连声喊道："徐光启，徐光启！"他们一边大叫着，一边冲下楼梯，向塔外跑去。他们都以为我肯定摔死了！可是他们跑到塔外，却见我好好地站在地上，什么事也没有。

"徐光启，你从那么高的塔上摔下来，怎么会平安无事的呢？难道你会飞不成？"他们不解地问道。

我拍了拍身上的灰尘，说："我刚从塔檐上摔下来的时候，也吓得够呛。可马上想起先生给我们讲过的虞帝的故事，说虞帝从高高的

草垛上跳下来，一点儿也没有摔伤，因为他手上有两把大蒲扇，使劲扇动大蒲扇，身子就会像鸟儿一样'飞'落下来。咱们身上穿的衣服袖筒很大，就像两把大蒲扇，所以我就拼命扑扇袖筒。嘿，还真管用，我掉到地上，除了屁股有点儿疼，其他地方都没伤着。"同学们见我能随机应变，对学过的知识能活学活用，都很佩服我。

　　除了上学，我还经常帮着爸爸种田劳动。我爸爸中年以后才开始种地，对一些种田的知识了解得不多。为了种好地，有个好收成，他喜欢在不忙的时候到一些老农家里串门聊天儿，请教耕耘、播种、施肥等方面的经验，有时候也带我一起去。我在不知不觉中，对农业生产产生了浓厚的兴趣。一天，我放学回来，路过邻居德章爷爷家的棉花地，发现德章爷爷正在摘棉花的顶心。我好奇地问："爷爷，您把棉花的顶心摘掉了，还能结棉花吗？"

　　德章爷爷说："不光能结，还能结得更多呢！可是，是什么道理，我可说不清楚。"

　　这是怎么回事呢？我开始认真琢磨这个问题。忽然，我想明白了：如果棉枝一个劲儿地往上长，分枝和叶子就要"吃"掉大量的营养，棉桃的养分就会不够。摘掉顶心，枝叶不再疯长，棉桃就能获得足够的营养，当然就能长得又大又好了。

　　"哈哈，爷爷，我想明白了。我这就去告诉爸爸！"我撇下发愣的德章爷爷，朝自己家的棉田跑去。

哪知爸爸这时却不在棉田里。我等不及了，就卷起裤脚，下到地里，自作主张地摘起棉花的顶心来。过了一会儿，爸爸来了，见我正在摘棉花的顶心，又气又急，喊道："光启，你在干什么！我辛辛苦苦种的棉花全要被你弄死了！"

我笑着解释说："爸爸，你错怪我了。"我把自己悟出的道理讲给爸爸听。爸爸听了连连点头，并和我一起摘起了棉花的顶心。

果然，那年结棉花的时候，收成比往年增产了二三成。

延伸阅读

与利玛窦合译《几何原本》

徐光启认识一个欧洲传教士利玛窦，经常听利玛窦讲一些西方的科学知识。他对西方科学产生了浓厚的兴趣，觉得学习西方的科学，对国家富强有好处，就决心拜利玛窦为师，向他学习天文、数学、测量、武器制造等方面的科学知识。

有一次，徐光启到利玛窦那儿去学习。利玛窦跟他说，西方有一本数学著作叫《几何原本》，是古希腊数学家欧几里得写的一本重要著作，可要翻译成汉文很困难。徐光启说："既然有这样的好书，您又愿意指教，不管多么困难，我也要把它翻译出来。"

从那以后，徐光启每天都到利玛窦那儿，跟利玛窦合作翻译《几何原本》。翻译的时候，利玛窦先用中文逐字逐句地口头翻译，徐光启再根据笔录进行推敲修改。那时候，还没有人翻译过国外的数学著作，要把原作译得准确，可不是件容易的事。徐光启花了一年多时间，逐字逐句地反复推敲，再三修改，终于把前六卷《几何原本》翻译完成。

《几何原本》是我国科学史上第一部系统引进几何学的著作。徐光启在翻译时所创立的几何学名称，一直沿用到今天。

"笨小孩儿"也能成才
——曾国藩

中国人

军事家、政治家

出生地：湖南长沙府湘乡县（今湖南省娄底市双峰县）

生活年代：1811年—1872年（清）

主要成就：晚清"中兴四大名臣"之一，官至两江总督、直隶总督、武英殿大学士；湘军的创立者和统帅；晚清散文"湘乡派"创立人

优点提炼：勤奋，努力

我叫曾国藩，出生在湖南湘乡的一个普通农民家庭。家里有兄弟姐妹九人，我是家中的长子。我家祖祖辈辈都以务农为生，到了我的曾祖父这一辈时，才算有了点儿家业。曾祖父曾经多次把祖父送去念书，

希望他努力学习，以后能做官好光宗耀祖。可是祖父天性不喜欢读书，反倒喜欢闲适的农耕生活。他把曾祖父留下来的基业发扬光大，为我创造了读书的条件。

祖父治理家事十分严格，要求"男必耕读，女必纺织"。我的家人必须做好八件事：读书、种菜、饲鱼、养猪、早起、洒扫、祭祖和团结邻里。

祖父虽然没多少文化，但是阅历丰富，知道读书的重要性。他所倡扬的家风造就了我一生的品行秉性，对我的影响非常大。

在我六岁的时候，祖父专门为我设立了一座私塾，还请了有学问的私塾老师来教我。后来，祖父去世了，父亲的仕途一直不顺，考过秀才之后再也没有机会更进一步。他有些丧气，干脆回来监督我读书学习。

父亲对我十分严厉。可我的天分并不是很高，有的句子先生讲解了很多次，可我还是不懂。有的文章我翻来覆去背很多遍都背不下来。这样下来，我的学习总是停步不前，连日常的作业也没办法完成。父亲非常生气，常常警告我，没有完成作业就不能睡觉。

于是，我小小年纪就必须彻夜努力读书，争取在天亮之前能完成先生布置的任务。有一天夜里，我又在挑灯做功课，书桌上摆放着那么多厚厚的书，我好像永远都看不过来。我手捧着老师刚教过的一篇文章，认真地读了一遍又一遍。

时间在悄悄流逝。眼看夜色越来越深,天上的月亮都被云朵遮住了。小油灯一闪一闪的,仿佛昏昏欲睡。我打起十二分的精神,依然在背诵那篇文章。

其实,在我埋头苦读的同时,窗外还站着一个人——一个想来我家偷东西的贼。这个人躲在屋檐下,想等我背完书去睡后进来偷东西。

可是,他在外面等啊等啊,过了好长时间,都没看到我有上床睡觉的意思,不禁有些着急了。于是,他忍不住怒气冲冲地从窗口跳了进来,对我喊道:"喂,你怎么还不睡觉呀?"

我被这个突然闯进来的人吓了一跳,壮着胆子问:"你、你是谁?进来干吗?"

这个贼不答话，拿起一本书就敲我的头，说："你实在是太笨了！我本来想进来偷点儿东西，可在外面等了你那么久，听你读这篇文章都读了几百遍，你居然还没背下来。"

我捂着头东躲西藏，有些委屈地说："可是，这篇文章真的很难背啊！"

窃贼忍无可忍，愤怒地把书丢给我说："根本就不难背，连我都会背了！"

"什么，你会背？那你背给我听听！"我睁大眼睛惊奇地说，竟然忘记了他是一个贼。

在我难以置信的眼神中，窃贼竟然一字不漏地把文章从头到尾背了出来。然后，他指着我的鼻子说："就你这水平，还读什么书！"说完愤愤地甩了甩袖子，扬长而去。

第二天，我把这件事告诉了父亲。父亲并没有嘲笑我，只是慈爱地摸了摸我的头，告诉我一个道理：勤能补拙。一分辛苦一分才，只要勤奋努力，一定会有所成就。我牢牢记住父亲的话，更加努力地挑灯夜读，渐渐也摸索出了读书的门道。后来，我竟然比同龄人学得更快，只用两年的时间就学完了"五经"。

延伸阅读

曾国藩与洋务运动

可以说，曾国藩是中国历史上真正积极实践的一个重要代表。在他的倡议和鼎力支持下，中国造出了第一艘轮船，开启了近代制造业的先河；建立了第一所兵工学堂，开始了中国近代高等教育；第一次翻译印刷西方书籍，不仅奠定了近代中国科技的基础，而且极大地开阔了中国人的眼界。

在他和李鸿章、容闳等洋务派的主持下，清政府选派第一批幼童去美国留学，为国家培养了很多栋梁之材。其中民国第一任总理唐绍仪、中国"铁路之父"詹天佑、清末外交部尚书梁敦彦、清华大学第一任校长唐国安等，都是这些留学生中的佼佼者。

咋就记不住呢？

拙补能勤

专心学画蛋的画童——达·芬奇

出生地：托斯卡纳芬奇镇

生活年代：1452年—1519年

主要成就：留下《蒙娜丽莎》《最后的晚餐》等众多传世名画；深入研究自然科学各学科；开发出许多水利设施；设计出第一架人力旋翼螺旋桨直升机；是意大利文艺复兴三杰之一，被誉为"巨人中的巨人"

优点提炼：热爱画画，有创新精神

意大利人

画家、发明家、数学家、天文学家

　　我叫达·芬奇，是一个乐观自信、热爱生活的孩子。我从小跟爸爸、继母生活在一起。继母没有自己的孩子，把我当亲生的孩子一样看待。他们给我提供了一个良好的成长环境，只要我感兴趣的东西，都尽量满足我。

也许是因为爸妈的开明和引导，我的"天性"没有被遏制，因而对很多事情都感兴趣。我喜欢数学、哲学、音乐，擅长吹笛子，对体育活动也有特殊的爱好，还善于驯马……当然，我最最喜欢做的事情就是画画。

每天放学之后，我扔下书包就拿起画笔，完全投入到自我的艺术世界里去了。我喜欢坐在草丛里，一边用心观察五彩缤纷的大自然，一边用画笔把见到的美景画下来。

运气好的话，我会遇到一些可爱的小动物，例如小松鼠啊、小兔子啊……我经常跟在它们后面去山洞里探险。当然，它们对我来说还有个更大的好处，就是能免费当我的"小模特儿"。这样一来，时间久了之后，我就更加爱画画，并沉浸其中。

但在我生活的年代，画画被认为是一种比较低贱的职业。我们家在当地可是一个有名望的家庭。爸爸当然也希望我能继承父业，学习法律，将来能成为一名公证人。但是看到我对画画的执着和热情，他并没多加阻拦，而是任由我自由发展。对于爸爸的态度，我心中十分感激，就想要找个机会证实一下，让爸爸知道他的决定没有错，我一定能在画画方面表现出自己的天赋来。

有一天，一个农民找到爸爸，想请爸爸帮忙找人在他的盾牌上画一些凶恶的东西。我想，机会来了，于是对爸爸说："爸爸，就让我来完成这幅画吧!"

看到我主动请缨,爸爸当然也很乐意给我一个表现的机会,就满口答应了。

我接过盾牌,心中窃喜:终于有机会一展身手了,一定要好好表现。要画凶恶的东西,凶恶的东西都有什么呢?什么东西最让我感到害怕呢?那应该是妖魔鬼怪吧?可是我没有见过妖魔鬼怪呀,只在小说里看到过描述。于是,我找来几本专门介绍妖魔鬼怪的书,仔细研读其中的片段,在头脑中想象它们的样子。让我印象最深的是希腊神话中的女妖美杜莎,她面貌凶丑、口喷火焰、头发全是一条条毒蛇……更可怕的是,人只要被她的魔眼看过一次,就会被石化。

当然我不能照抄这个画面,得加入一些原创元素。我想到平常跟我很亲近的小动物。其实,每种动物仔细看都有些可怕的地方呢,如刺猬、壁虎、蜥蜴……我仔细回想和小动物们相处的那些片段,把它们的特点用心琢磨了一番,再把它们和美杜莎的形象结合起来,就创造出了一个令人惊悚的怪物。

经过一个多月的努力,我的"大作"终于完成,是时候让爸爸过来"验收"作品了。就在我准备把爸爸请过来时,我的脑子突然又小小地拐了个弯儿,决定给爸爸一个小小的"惊喜"。

我把盾牌安放在画架上,然后把窗帘拉上,只留下一道缝隙的光照射在盾牌上。画面中的怪兽面目狰狞、尖牙暴睛、血盆大口……简直让人不敢直视。等一切都安排好后，我对着门外大喊："爸爸，我的画完成了，您进来看看吧！"

爸爸推开门一看，吓得连连后退了几步，脸色变得煞白，口中大喊着："妖怪，妖怪啊……"看着爸爸被吓的囧样，我忍不住哈哈大笑起来，大喊着："爸爸，别怕，这是我画的画啊！"

听我这么一说，爸爸这才稍微定了定神，心有余悸地指着我的画，说："还真是你画的画啊！你小子，可把我吓得不轻啊！"

爸爸虽然听上去是在责备我，但言语中却透露出满意的味道。这件事情以后，爸爸对我的画画水平有所了解，觉得我是一个可塑之才。在我十四岁那年，爸爸把我送往佛罗伦萨，向著名的艺术家韦罗基奥学习。

韦罗基奥是一位非常严厉的老师。我永远都记得，入学的第一天，他拿出一个鸡蛋放在桌子上，让我照着画。

我惊呼："鸡蛋？"

"对，就是最简单、最普通的鸡蛋。"

我心想，也许老师还不了解我的水平，才拿这么简单的题目来考察我吧！这样一想，我不再说什么，三下两下就把鸡蛋画好了。老师接过我的作品，什么都没有说。

可是到了第二天，老师又安排我画鸡蛋，还是最简单、最普通的那种。不过这回，他让我换了个角度。

就这样接连画鸡蛋画了好多天，我忍不住问老师："您为什么天天让我画鸡蛋啊？这东西有什么可画的呢？"

"要想做一个伟大的画家，就要有扎实的基本功。鸡蛋看似简单，却是很能考验基本功的。你看，同样是鸡蛋，形状上却有细微的区别，100个鸡蛋里都没有两个是完全相同的。哪怕是同一个鸡蛋，如果从不同的角度观察，也能画出不同的形状。所以说，鸡蛋是最好的模特儿。"

老师的回答让我非常意外，同时也让我明白了，作为画家，一定要仔细地观察，捕捉到事物最微妙的变化。从那以后，我开始专心致志地画鸡蛋，整整画了三年。直到那时，我才发现自己已正式跨入了艺术的殿堂，开启了人生的艺术之旅。

延伸阅读

达·芬奇密码

达·芬奇是人们所熟知的一位出色的画家，但他的成就远远不止于此。他通晓数学、生理、物理、地质、天文等多个学科，还擅长雕刻、音乐、建筑、发明等。

在达·芬奇发明的众多东西里，最神奇、最被人们所感兴趣的莫过于密码箱。

我可是全能型人才！

在他生活的那个时代，社会发展很快，人们也开始越来越重视文件的保密工作。怎么样才能让这些宝贵的东西秘不外泄呢？达·芬奇凭借他的天才头脑，很有开创性地设计了密码箱这个"法宝"。密码箱上有5个转轮，每个转轮上都有26个字母，要一口气把事先设定的5个字母全部按顺序输对，才能把密码箱打开。如果不记得密码，想要凭运气打开箱子的话，5个转轮排列组合，会有高达11881376种可能性。

当然，不可能每个窃贼都那么有耐心，去一一试探密码箱开启字母的每一种组合。所以，在当时如果没有密码的话，要想打开密码箱，就只能望箱兴叹了。

那如果直接用锤子把密码箱砸烂呢？关于这一点，达·芬奇也早就想到了。他在密码箱内装有一个盛着酸液的容器，如果强行砸烂箱子，酸液就会流出，将宝物侵蚀溶解。这样，垂涎宝物的人也就只能前功尽弃了。

喜欢刨根问底的孩子
——伽利略

物理学家、天文学家、数学家

意大利人

出生地：比萨城

生活年代：1564年—1642年

主要成就：发现摆的等时性定律，提出自由落体定律；发明了比重秤、空气温度计、望远镜；证明了哥白尼"日心说"的正确性

优点提炼：善于观察，爱动脑筋，追求真理

我叫伽利略，大家也许是从"两个铁球同时着地"的故事中听说过我的名字吧？估计了解我的人并不多。下面我就给大家讲讲我小时候的故事吧。

1564年2月15日，我出生于意大利一个没落的贵族家庭。到了我爸爸这一代，家境更是日渐衰微，我真是"生不逢时"啊！爸爸是位很有才华的音乐家，而且数学也很好。可惜的是，美妙的音乐并不能换来香甜的食物，数学方面的才能也不能成为谋取好工作的阶梯。无奈之下，爸爸在我出生后不久，在离家不远的佛罗伦萨城开了一家小铺子，所得收入勉强能维持家用。

虽然家境说不上富裕，但是我的学习欲望却非常强烈。跟现在大多数小朋友不情愿地被父母逼着去学这学那相比，我可是兴趣广泛，十分乐意学习的呢。而且，我对各种事情都保持着十足的好奇心。

我似乎永远都闲不住，画画、弹琴，样样都爱好。当然，我最大的兴趣就是自己动手做各种灵巧的玩具，这给弟弟妹妹们带来了无限的乐趣。

我虽然爱玩，但并不贪玩。在学习上，我也十分投入。我心中充满着各种疑问，爱问各种"为什么"，并且我喜欢自己寻找答案，其中的快乐让我深深地着迷。

有一次，我在一座教堂里参观。天快黑的时候，一位神职人员走了进来，给教堂的一盏油灯添上油，点上灯芯，然后再把灯挂回教堂的天花板上。灯挂上去后，却在空中不停地摆动着。这可吸引了我。

我仔细观察了一会儿，发现刚开始挂上去时，吊灯摆动的弧度比较大，然后慢慢地，摆动的弧度变小了，速度也渐渐慢了下来。我心中充满了疑问：为什么吊灯摆动的弧度会越来越小呢？为什么摆动的速度会越来越慢呢？摆动弧度大而快、小而慢，这是不是说明，吊灯摆动一次的时间总是相同呢？

这个想法在我头脑中慢慢萌生，可是我当时身边没有计时工具，怎么才能验证我的想法呢？

不过，这可别想难倒我。我眼珠一转，就想出了好办法。我想：在一小段时间内，一个人心跳的频率是基本一致的。我可以用脉搏来测算单摆的时间啊！于是，我把右手手指搭在左手的手腕上，观察在吊灯摆动一次的时间内，脉搏会跳动几次。经过好几次测试，终于验证了我的想法，吊灯每次摆动所需的时间都是一样的。

可事情并没有就此结束，这个发现让我很快又有了新的疑问。我记起亚里士多德说过："钟摆经过一个短弧要比经过一个长弧快些。"

是不是真的这样呢？为了解开这个疑惑，我赶紧回到家里，找来材料，做了长短不一的几个钟摆。我把长摆挂在大树上，把短摆挂在屋子里，然后记录摆动一次所需的时间。经过这次实验，我又有了重大发现：钟摆摆动一次的时间与摆的重量无关，与振动幅度无关，而与绳子的长短有关。

后来，因为这个发现，我发明了摆钟。

等到我再长大一些的时候，脑中的疑问就越来越多了，而且不问个水落石出决不罢休。

有一次上生物课，老师讲道："孩子的性别是由爸爸的身体强弱决定的。如果爸爸身体强壮，妈妈就会生男孩；反之，则会生女孩。"

听了老师的话，我想到邻居家的男主人身体很强壮，却接连生了五个女儿，这不正好与老师说的相反吗？于是，我举手说道："老师，我有个问题。"

老师平常对我爱提问的"毛病"本来就有些厌烦，这时候当然也没好气："伽利略，你太爱提问了。学生上课就应该认真听讲，多记笔记。你总喜欢胡思乱想，不分场合、不合时宜地提出一些奇奇怪怪的问题，这样会影响同学们学习的。"

"老师，我可不是胡思乱想。"接着，我把邻居家的情况向老师介绍了一下，然后问道，"这怎么解释呢？"

老师生气了，怒气冲冲地说："这可是亚里士多德的观点，总不会出错吧？"

"如果亚里士多德错了，我们也硬要跟着他一起错下去吗？科学本身就该跟事实相符，不然就不是真正的科学了。"

听到我这么说，老师还真是理屈词穷了，变得哑口无言。不过，我这样让老师下不了台，也没捞到什么好处。后来，学校公开批评了我。但我并没有因此而改变自己的原则和立场。我觉得，坚持科学就应该敢于质疑，并且去寻找科学的答案。

延伸阅读

坚持真理的科学战士

从学生时代开始，伽利略追求真理的个性就已经初露锋芒。这种精神并没有随着年龄的增长而有所消减，反而是有着越来越强劲的势头。

那时候，亚里士多德是科学界的权威，他的理论被人们看作是不可动摇的真理。但是，伽利略却经常怀疑亚里士多德学说的正确性。

在大学任教期间，伽利略还在比萨斜塔上演示了著名的"两个铁球同时着地"的实验,推翻了亚里士多德的"物体下落的速度是不一样的"理论,揭开了自由落体运动的秘密。

  后来,伽利略还公然证明并宣扬哥白尼"日心说"的正确性,这无疑是对当时神权宣扬的"地球中心说"的大胆挑战。因此,伽利略受到了宗教裁判所的残酷迫害。但即使面对教皇的警告,伽利略仍旧宣扬"日心说",最后被判终身监禁,直至死亡。就在被监禁期间,他仍未停止科学研究,真不愧为一名真正的科学斗士和勇士。

喜欢磨镜片的学徒工
——列文虎克

生物学家、显微镜学家

荷兰人

出生地：代尔夫特市

生活年代：1632年—1723年

主要成就：发明了显微镜，第一个发现微生物，为建立微生物学奠定了基础；最早记录肌纤维、微血管中血流、细菌

优点提炼：热爱科学，善于观察

  我出生在一个穷苦的家庭，全家人靠爸爸当酿酒工那点儿微薄的工资维持生活。我从小就热爱大自然，喜欢研究各种问题，总是围着爸爸问这问那。

不幸的是，在我五岁那年，爸爸得了一场重病。因为家里没钱，只能眼睁睁地看着爸爸去世了。缺了爸爸这个家庭的顶梁柱，家里的日子更苦了。妈妈只好把我送到舅舅家里去抚养。舅舅见我求知欲很强，就把我送到学校去读书。我特别喜欢上学，学习很刻苦，经常读书到深夜。

可是，没过几年，舅舅也去世了。我只好辍学，到一家杂货店当学徒工，帮着妈妈分担全家生活的重担。虽然工作很辛苦，但我总是挤出时间来学习。每到晚上，我就在昏暗的灯光下，阅读从别人那里借来的书。我最喜欢看的是关于解释自然现象的书。

杂货店的旁边是一家眼镜店。有一天，我读书读累了，就到隔壁的眼镜店里去玩。看到眼镜店里的人正在"沙沙"地磨镜片，我不禁

对镜片发生了兴趣。我好奇地拿起一个镜面凹进去的镜片，放到眼前看自己的手指头，手指头竟然变小了。我又拿起另外一个镜面鼓出来的镜片，放到眼前看自己的手指头，手指头竟然变大了。不同的镜片竟然这么神奇，我被深深地吸引住了。

一位老师傅见我对镜片这么感兴趣，就热心地给我讲起了镜片的原理和用途："镜面凹进去的叫凹透镜，可以把看到的东西缩小，能矫正近视眼。镜面鼓出来的叫凸透镜，可以把看到的东西放大，能矫正老花眼。"

我盯着老师傅鼻梁上的那副老花镜，说："最好是有这么一种眼镜，可以看到我们平时看不到的东西。"

我的话刚说完，旁边的一个年轻学徒就哈哈大笑起来，说："你的想法太离奇了。既然是看不到的东西，戴上眼镜还是看不到啊！"

老师傅扶了扶眼镜，沉思了一下，说："你的想法也不是没有道理。我曾经把两块凸透镜叠在一起，看一颗小小的葡萄，你猜怎么着？"

"怎么着？你看到了什么？"我紧张地问。

"呵呵，那颗葡萄变得跟核桃那么大。"

我听了，吃惊地瞪大了眼睛。

老师傅接着说："既然葡萄能变得跟核桃那么大，如果继续放大的话，米粒肯定也能变得跟葡萄那么大。这么不停地放大，放大好多倍，说不定真能看到咱们用眼睛看不到的东西呢。"

我急不可耐地对老师傅说:"要不您教我打磨镜片吧。我要打磨出能放大好多倍的凸透镜片。"老师傅答应了。

从那时起,我一有空就到眼镜店的镜片作坊里,跟老师傅学习磨制镜片的技术。我利用工匠们废弃的镜片,在磨具上认认真真地磨制玻璃镜片。不干不知道,一干吓一跳,我真的干起来才知道,要想磨出一块又匀称又小巧的镜片,可不是件容易的事啊!

好在我不怕吃苦,老师傅也愿意耐心教我,所以我很快就学会了。

我经常连着好几小时跪在地上,对着磨具,小心翼翼地磨。手磨破了,腿跪麻了,我也不肯停下来。终于有一天,我亲手磨制出了一块直径只有三厘米左右的小凸透镜。我高兴地把镜片拿给老师傅看,老师傅夸我磨出的镜片均匀光洁,质量非常好。我把一根鸡毛放到镜片下一看,鸡毛竟然变得跟树枝一样粗了。

第一次磨制镜片取得成功使我的信心更足了。从此以后,打磨镜片成了我最大的兴趣爱好。我利用废弃的镜片磨出了好多凸透镜,技术也越来越高,后来竟跟老师傅的手艺相差无几了。

几年后,我干活儿的杂货店倒闭了,我只好又找了一份看门的工作。但我心里怎么也放不下用凸透镜看清细微东西的梦想。我发现,把两个凸透镜叠在一起,放大率不够;拉开些距离呢,对准焦距又很难。

这个问题,令我伤透了脑筋。有一天,我路过一家铁匠铺,脑子里突然闪出一个念头。我请铁匠师傅做一个小小的铁架,把两个镜片固定在铁架上，再进行观察，看东西就方便多了。

后来，我经过反复琢磨，又在凸透镜的下边装了一块铜板，上面钻了一个小孔，使得光线从这里射进并反照出所观察的东西来。就这样，一台手工自制的显微镜在我手里诞生了。

有了自己的显微镜以后，我十分高兴地观察一切：手指上的皮肤像橘子皮一样粗糙，蜜蜂腿上的短毛像缝衣针一样使人看了害怕……啊！这一切真是太有意思了！

延伸阅读

发现细菌

1675年的一天，天空中下起了滂沱大雨。列文虎克站在窗前，望着从天而落的雨水，忽然萌生了一个念头：用显微镜来看看雨水里有什么东西。于是，他跑到屋檐边上，用吸管取了一管雨水，滴了一滴在显微镜下进行观察。

"雨水怎么是活的？"列文虎克不禁大叫起来。原来，他看到雨水里有无数奇形怪状的小东西在蠕动。

女儿听到爸爸的喊叫声，以为发生了什么意外，连忙跑到实验室。

"我给你看样东西。"列文虎克指了指显微镜。

女儿凑到显微镜跟前一看,惊奇地叫道:"哎呀,这是什么东西啊?跟童话里的'小人国'一样。"

"这是雨水里的世界。"

"那真是太奇怪了!"

列文虎克陷入了沉思:是啊,确实太不可思议了。这些"小人国"里的"居民"是从天上来的吗?

为了验证这个问题,列文虎克让女儿用干净的杯子到外面接了半杯雨水,然后又取出一滴,放在显微镜下,结果什么东西也没有看到。可是,过了几天再观察,杯子里的雨水又有"小居民"了。显而易见,这些"小居民"不是从天上来的。

列文虎克发现的"小居民",就是后来人们所说的细菌。

体弱好学的贵公子
——瓦特

- 出生地：苏格兰格拉斯哥格林诺克镇
- 生活年代：1736年—1819年
- 主要成就：改良蒸汽机，推动世界工业进入"蒸汽时代"
- 优点提炼：富有创造精神，不懈钻研

发明家、科学家

英国人

我叫瓦特，1736年出生于英国的一个港口小镇。我的爸爸是一位造船工人，并且拥有自己的船只与造船作坊。在爸爸的影响下，我从小就特别喜欢自己动手做一些东西，而且表现出了独特的天赋。当然，我与其他小伙伴一样，也都十分喜欢各种各样的玩具。但与众不同的是，我喜欢把玩具拆开，卸下一个个零件研究一番，之后，再按照原来的样子把玩具重新组装回去。

小伙伴们的玩具要是坏了，只要经过我一番"摆弄"，就能让它们"起死回生"。仔细想想，我给小伙伴们修好了不知道多少玩具呢！这样正好可以满足我拆装玩具的癖好，所以我总是乐在其中。

转眼到了上学的年龄，我却因为体弱多病没能上学。一起长大的小伙伴们见我不上学，整天无所事事、游手好闲的样子，常常说我的坏话，还叫我"懒孩子""病包子"。我听了很难过，但这并没有阻碍我的学习之路。我的妈妈出身于贵族家庭，受过良好的教育。因此，我就算待在家中也没有闲着。妈妈教会我读书、写字，甚至教我算术。虽然我学习的知识有限，但是正好有时间把这些知识完全消化掉，牢牢记在心中。

有一次，一位客人来我家做客。我正拿着粉笔在地上、火炉上写写画画。我听到客人对爸爸说："你怎么不送孩子去学校学些知识呢？在家里乱写乱画，不是让孩子荒废了吗？"

爸爸听了，笑着说："哈哈，你去仔细看看他在画什么吧！"

听了爸爸的话，客人一脸好奇地走到我身边，仔细观看了一阵，拍着我的肩膀说："原来你在画图形演算几何题啊！看来是我看走眼了，小看了你啊！"

随着知识的增长，我的智力也得到了进一步的提高。我对身边的一些事物渐渐产生了浓厚的兴趣，好奇和钻研的精神也开始成倍地生长。有一次，我对水蒸气产生了浓厚的兴趣。

那天，我在厨房看奶奶做饭时，看到灶台上有一壶水正在沸腾着，壶盖不停地向上跳动。我观察了一会儿，觉得很奇怪："到底是什么让壶盖跳动的呢？"我想来想去，想破了脑袋都没找到原因，于是向奶奶求教。

"水开了，壶盖就会跳动。"奶奶以一种理所当然的口吻答道。

但是我对这个答案并不满意，继续追着问："水开了，为什么就能让壶盖跳动呢？是有什么神奇的魔力吗？"

奶奶忙着做饭，也没空搭理我这个"好奇宝宝"，有些不耐烦地说道："这我就不知道了。你刨根问底干什么啊？"

我求教不成，反而受到了批评，心里真有些不是滋味。可如果你们认为我就这样退缩了，那就大错特错了。

接连几天，一到做饭的时间，我就会蹲在厨房的火炉边，眼睛直勾勾地盯着水壶。水壶刚放上去的时候，壶盖一动不动地卧着；水渐渐热起来，缓缓地冒出水蒸气，壶盖稍微有点儿躁动；随着水温越来越高，到水沸腾时，水蒸气的攻势越来越强烈，壶盖终于扛不住了，伴随着一阵"噗噗噗"的沸水声，欢快地上下跳动着。

看着壶盖上蹿下跳地活动着，我抑制不住内心的喜悦，高兴得手舞足蹈。我把壶盖揭开又盖上，又揭开又盖上，如此反复实验着。后来，我又拿着杯子、勺子放在水蒸气喷出的地方，都被水蒸气掀起来了。我终于弄清楚了，是水蒸气的作用推动着壶盖跳动。看来，水蒸气的力量还真是不能小瞧呢！

就这样，随着我对知识的渴望越来越迫切，家里的教育也渐渐不能满足我的好奇心。于是，我向爸妈提出想要上学读书的请求。爸妈刚开始不同意，但在我的一再请求下，他们的态度有了转变，终于把我送进了我梦寐以求的学校学习。

而这次水蒸气的事情，也让我了解到了科学的魅力。一颗神奇的魔力种子于是便在我心中默默地发芽、生长着……

延伸阅读

改良蒸汽机

1764年,瓦特接受了修理一台纽可门蒸汽机的任务。他修好后,却发现蒸汽机工作仍然很吃力,就像年迈的老头儿一样,很吃力地运转着。于是,他下定决心改造一下,并制造出一台新式机器来。这可不是一件容易的事哦!

瓦特整天泡在机器前,经过两年的摆弄,终于造出了一台新机器。

呜呜……

瓦特正沉浸在喜悦中时，突然发现这台机器的汽缸到处漏气。于是，他又开始了新一轮的改造攻关。为了观察漏气的原因，瓦特还被热气烫伤了。不过，这不仅没有阻碍他继续研究的决心，反而给了他灵感。最终，瓦特运用科学理论，逐渐改正了老式蒸汽机的弊病，并进行了一系列的发明创造，比如分离式冷凝器、汽缸外设置绝热层、用油润滑活塞、行星式齿轮、平行运动连杆机构、离心式调速器、节气阀、压力计等，使他的新机器的效率提高到纽可门机的三倍以上，完成了现代意义上的蒸汽机的成功发明。

"数学王子"的成长之路——高斯

出生地：不伦瑞克

生活年代：1777年—1855年

主要成就：数学家、物理学家、天文学家、大地测量学家，近代数学奠基者之一

优点提炼：好学，善于发现规律

德国人

数学家、物理学家、天文学家

说到"王子"，大家可能会眼前一亮，想起那些身份高贵的俊美少年。现在我却要很骄傲地说，我也是一名"王子"。这可不是我自夸，而是大家赋予我的称号——"数学王子"。

对于"数学王子"这个称号，我还真是毫不谦虚地接受了。因为我一出生就对数学表现出特别的兴趣。据妈妈说，我在学会说话之前，就会数数和分辨物体的数目了，这让妈妈非常惊奇。后来长到了三四岁，我更表现得跟其他孩子不一样，每天都会缠着妈妈问很多跟数学相关的问题。

妈妈虽然是贫穷石匠的女儿，没有受过教育，但她十分聪明，一般的问题都可以为我解答。就这样，我虽然还没有到上学的年龄，但是已经掌握了不少数学知识。后来，我提出的问题连妈妈也回答不了了，只好让我去请教爸爸。

爸爸是一名泥瓦厂的工头，负责给工人发薪水。每到星期六，爸爸就把自己关在一个小房间里，埋头计算工资。如果我在他算账的时候打扰他，爸爸会很不高兴地把我赶走。不过，因为一件事情，爸爸却改变了对我的态度。

那是一个平常的星期六，爸爸又在给工人们计算工钱了。他一边算，一边还把数字念出来。我偷偷地溜了进去，蹲在地上跟着他一起算。过了一会儿，爸爸伸了伸懒腰，如释重负地说："终于算好了！"

我凑过去看了看，发现爸爸算出来的结果跟我的不同。难道是我算错了吗？我仔细地又核算了一遍，没错，就是这个答案。说不定是爸爸算错了呢！于是我小声地提醒他："爸爸，你算错了，总数应该不是这个数……"

"你怎么知道的？"爸爸有些不相信地问。

"刚刚我跟着你一起算了一遍啊！不信，你再算算。"

爸爸犹豫了一下，就又坐到桌前认真核算起来。这一次，爸爸发现还真是自己算错了，而我说的总数才是对的。

爸爸这时的心情非常复杂，既为自己算错了而感到惭愧，又为年幼的儿子算对而感到骄傲。他高兴地拥抱着我说："孩子，你真聪明！你没有上过一天学，却算得比爸爸还好。爸爸马上就送你去上学。"

就这样，家里人省吃俭用送我去上学了。我在学校里表现出过人的数学天赋，每次都能考满分。数学老师对我非常满意。

可是，到我十岁的时候，学校换了一个新的数学老师。他是个城里人，总觉得到我们这个穷乡僻壤来教书，有些浪费了自己的才华。同时，他对穷人家的孩子怀有深深的偏见，认为我们天生都是笨蛋。就算我的数学成绩非常优秀，但在他眼里也不例外，我也是笨蛋中的一员。

每次新老师心情不好的时候，就会找一些难题来为难我们，以调剂他的情绪。

有一天，数学老师又带着一张乌云密布的脸来到教室。我心想：估计今天又没有好日子过了。

接下来的事情马上就印证了我的担忧。老师阴沉着脸对大家说："这节课的任务就是求 1 加 2 加 3……一直加到 100 的和。算不出来就别想回家。"

说完,数学老师就拿起一本小说,悠闲地坐在椅子上看起来。

老师刚落座,大家就拿起自己的石板"唰唰"地开始算起来——那时候我们写字没有本子,都是在石板上写写画画,写满了又擦掉。我看到有些小伙伴都算得额头直冒汗了。

我看着小小的石板,心里嘀咕着:按照最机械的算法,从 1 加到 100,算式就得列上一长串,而石板才这么一点点大,根本就不够用啊!要是中间算错一步,就要重新来算,不能准时放学回家了。我得好好想想,应该有别的更简单的方法吧?

所以,我没有像别的小伙伴一样老老实实地从 1 加到 100,而是想到把 1 到 100 的首尾两个数依次相加,最后的得数都是 101,比如 1+

100=101，2+99=101，3+98=101……依次类推，50+51=101，一共有50个101，结果就是5050。

哈哈，还不到十分钟，我就算出来了。看到老师仍旧沉迷在小说的世界里，我拿着石板走到他跟前说："老师，我算出答案了。您看看！"

老师头也没抬，就说："不对，回去再算算。"

老师连看都没看一眼，就判定我的答案是错的。我当然不服气，把石板往前推了推，说："老师，您看看吧，我觉得没有错。"

老师有点儿不耐烦了，正想发怒，一眼扫到石板上的"5050"，惊讶地睁大了眼睛："你是怎么算出来的？"

我就把自己的演算过程跟老师详细地解说了一遍。老师的脸色也变得多云转晴了。他有些惭愧地说："看来，是我小看了你啊！"

从此之后，老师就改变了对我们的态度，开始认认真真地给我们上课。而且他对我特别关照，经常买一些新书送给我。在老师的热心关照下，我对数学的兴趣越来越浓，更加善于在学习中发现规律，总结学习方法。后来，我就成了大家口中的"数学王子"了，呵呵！

> 延伸阅读

高斯在天文学领域的造诣

高斯不仅是著名的数学家,他在天文学领域也有很深的造诣。

早在1801年,意大利科学家在火星和木星的小行星星带中发现了一颗新星,将它命名为谷神星。天文界有人说它是行星,也有人说它是彗星。这必须通过观察它的运行轨道才能最终判定。高斯对这个问题产生了兴趣。他独创了一套方法,只需观察三次,就能计算出这颗星球的运行轨迹,并且可以预测它未来的位置。后来,在高斯预测的位置上果然出现了谷神星。

1802年,他又准确地预测到了小行星二号——智神星的位置,从而一跃成为声名远扬的天文学家。

不仅仅只做数学界的王子哦!

大自然是最好的课堂
——达尔文

出生地：普雷斯顿

生活年代：1809年—1882年

主要成就：提出了生物进化论学说，出版《物种起源》

优点提炼：爱观察，爱生物

生物学家、博物学家

英国人

我是一个沉默寡言的孩子，不太喜欢跟人交往。上课的时候，老师在讲台上讲，我的眼睛却总是望着窗外发呆。我在想，外面的世界多精彩啊！你看，那只蝴蝶在花园里翩翩起舞，它的翅膀为什么是黑色的呢？还有那只瓢虫，它的背上为什么有那么多小圆点儿？这些问题比老师的功课有趣多了。

我的表现让老师忍无可忍，加上我的成绩又很差，于是老师把爸爸叫到学校，对他说我的智力有问题。爸爸对我一直满怀期待，希望我成为一个成绩优秀的孩子，这样的结果当然让他怒不可遏。他大声呵斥我："除了那些个花花草草、狗拿耗子之类的事情，你就不能想点儿和学习有关的问题吗？你这样下去不光会辱没你自己，也会辱没你的整个家庭！"姐姐也看不起我这个成绩平平、行为怪异的弟弟。好在妈妈一直很理解我，还经常对爸爸说："你这样对他不公平。他应该有自己的学习乐趣，大自然就是一个最好的课堂！"

妈妈很支持我到花园中去玩耍，还会时不时地问我："这是什么花呀？它的花瓣为什么是这样的？"每次我都可以比姐姐更快、更准确地回答出来，然后妈妈就会给我一个吻作为奖赏，这让我非常满足。

有一天，妈妈要去树林里给小树培土。我当然不会放过这个与大自然接触的好机会，主动要求跟妈妈一起去。我刚到树林里，就看到了两只奇怪的昆虫。这可真是奇怪呢！我以前经常在这里出入，从没看到过这两个新成员。于是，我想要抓到它们仔细观察一番。我一只手抓住了一只昆虫，正准备观察我的战利品时，又看到了另一只更奇怪的昆虫。看来今天的运气真不错，一下就遇到了三只以前都没见过的昆虫。我可不会轻易放过这个好机会，一定要把它们都抓到手。可是我只有两只手，该怎么办呢？眼看着那只昆虫就要逃开了，我一时着急，就把右手中的昆虫放进嘴里含着，以便腾出右手来捉第三只昆虫。我正在为自己的小聪明有点儿小得意时，嘴巴里的昆虫却分泌出一种奇怪的黏液，味道又苦又涩，让我一阵反胃。不过，抓到昆虫的喜悦远远大于尝到苦涩黏液的味道，我还拿着昆虫向妈妈炫耀了一番呢！

征得妈妈的同意之后，我决定到树林的更深处探索。果然，那里有更多我不知道的生物存在。我悄悄地观察它们，看着它们悠闲地嬉戏，甚至把自己当作了它们中的一员。

记得我当时穿的是一件棕色的外套，跟树干的颜色很接近。我看到树上有几只从没见过的小鸟在栖息，就悄悄地走过去，仰着头，目不转睛地观察它们。它们大概以为我是树干，一点儿也没有受到惊吓，让我瞧了个够。

后来，一只调皮的小松鼠跑来了。它对我竟然没有畏惧，还沿着我的腿往上攀爬，一直爬到我的肩膀上，然后悠闲地坐下来，摇动着尾巴朝树上的松鼠妈妈打招呼。看来，就连小松鼠都能看出我是它们友好的朋友啊！

再往前面走，我又遇到一条小河，河边盛开着一种我从没见过的花。我好奇地摘了一枝回去问妈妈："这是什么花啊？为什么它有白色的，也有黄色的？"

妈妈放下手中的活儿，说："这是迎春花，在春天开放。它通常都是这两种颜色。"

"哦，"我突然来了兴趣，"那能不能让它变成别的颜色呢？"

"不行哦，花的颜色是不能轻易改变的。"妈妈一脸认真地说。

花的颜色真的不能改变吗？这个问题已经困扰了我很久，现在我决定自己动手来揭开谜底。我回到家中，把摘来的迎春花插入一个水瓶中，然后滴入不少的红墨水。

我每天都盯着水瓶细细观察。我发现，迎春花的枝条从水瓶中吸收水分，将浸染其中的红色墨水也输送到了全身。几天之后，花瓣的颜色渐渐起了变化，由白色和黄色变成了红色！

这可真是一个惊人的发现！我把自己培育出来的"新品种"拿给妈妈看，笑眯眯地问她："你猜，这是什么花？"

妈妈接过我的"杰作"，定睛看了看，惊喜地说："哇，红色的迎春花！宝贝儿，你真聪明！"

听了妈妈的夸奖，我的心里美滋滋的。原来花朵的颜色也是可以改变的。我又学到了一个新知识。大自然的一切真奇妙，它就像一个丰富多彩的大课堂，将我深深吸引，并且将我一步步带上了科学探索之路。

延伸阅读

五年环球考察

达尔文从剑桥大学毕业后，放弃了成为一名待遇丰厚的牧师，毅然加入了由英国政府组织的"贝格尔"号舰环球考察队。

达尔文是以"博物学家"的身份自费搭船的，他很珍惜这次活动。每到一个地方，他就会进行认真的考察研究，采访当地的居民，请他们当向导，采集矿物和动植物标本，挖掘生物化石，还发现了许多文献上没有记载的新物种。白天，他跋山涉水地去收集各种岩石标本和动物化石；晚上，他又不知疲倦地忙着记录收集经过。

"贝格尔"号舰于1831年扬帆起航，绕地球一圈，于1836

年回到英国。在这五年时间里,达尔文沿途考察地质、植物和动物,采集了无数标本运回英国。之后,他一面整理这些资料,一面又深入实践,查阅了大量书籍,最终写下了科学巨著——《物种起源》,提出了"进化论"的学术观点。

达尔文从三十岁开始,就常常被多种疾病困扰,比如胃疼、恶心、呕吐、皮肤发炎、口腔溃疡、失眠等。因此,他通常每天只能工作两三个小时。让人难以想象的是,这些疾病竟折磨了他四十多年,先后看过二十多个医生也没治好。幸运的是,到了达尔文晚年,这些疾病没有经过医治却有所好转。

"偷"故事的人——列夫·托尔斯泰

出生地：图拉省克拉皮文县亚斯纳亚·博利亚纳（今属图拉省晓金区）

生活年代：1828年—1910年

主要成就：著有《战争与和平》《安娜·卡列尼娜》《复活》以及自传体小说三部曲《童年》《少年》《青年》，被称为具有"最清醒的现实主义"的"天才艺术家"

优点提炼：勤奋好学，善于积累

俄国人

小说家、评论家、哲学家

我叫托尔斯泰，全名是列夫·尼古拉耶维奇·托尔斯泰。我的这个名字是不是费了你不少记忆力呢？没办法，我们国家一向因名字长而闻名，还有很多人的名字比我的还长呢！好啦，言归正传，下面请允许我介绍一下我的童年生活吧。

1828年,我出生在俄国图拉省的一个贵族庄园里。那里视野开阔,绿草成茵,湖泊森林应有尽有,白墙房屋掩映在绿树繁花之中,非常适合居住。我们家能住上这样的豪宅可是有原因的。我的祖上曾经有一位是彼得大帝时期的外交大臣,爷爷曾任过喀山省省长,爸爸继承了伯爵,后来又因为参加卫国战争,被授予了中校军衔。在这个距离莫斯科只有三小时车程的庄园里,我度过了最美好、最纯洁、最欢乐与充满诗意的童年。

对于父母,我所保留的记忆很少。因为在我还是婴儿时,妈妈就离开了人世。但是听哥哥们说,妈妈非常有才华,不仅会几国语言,而且修养品位很好。关于爸爸,我还残存着一些记忆片段。比如说,他是一个和蔼、诙谐的人;他脸上总是挂着一副忧郁的表情;他在政治上毫无野心,总是表现得独立不羁……非常不幸的是,爸爸没过多久也撒手人寰。年幼的我失去了双亲,转而由姑妈照料。

从五岁起,我就开始接受典型的贵族家庭教育。善良温柔的姑妈给我们请来了来自德国的家庭教师,兄弟姐妹增长学识就全靠他们了。

天资还算聪慧的我,从那时起就养成了良好的阅读习惯。我经常在藏书室阅读祖辈们留下的大批藏书,一待就是一天。到了晚上,我也会在温暖的烛光中,如饥似渴地阅读俄国的民间故事、普希金的抒情诗、法国小说、希腊神话故事……书籍为我打开了一个新的世界,开阔了我的视野。从此我开始跳出传统贵族家庭的束缚，执着地去追求平民的生活。

在读书和阅读方面，我也形成了自己的一些小方法。我和老师曾有个约定，如果发现了比较有意思或有意义的内容，便可以在他专门给我准备的小本子上记录下来。

从七岁起，我就当起了小小"书记员"。我把这当成一个神圣的任务，一有发现就端端正正地记上几笔。那时，哥哥们顺应时潮开始自办手抄杂志，我也因此当上了《儿童娱乐》的"主编"。九岁那年，我又连续"出版"了《祖父的故事》。这个由笔记扩展而成的作品，成了我在文学创作上的处女作。

我一直保留着记录这个习惯。每到一处，我都细心地观察事物，倾听有趣的故事，并随时随地记录下来。

一天，我到一个茶坊附近玩耍，看见两位大胡子老爷爷正在兴致勃勃地讨论着什么。他们时而表情严肃，时而眉开眼笑，吸引着我连忙凑过去旁听。我听了一会儿才发现，原来他们在聊一个贵族遗产纠纷的事情。我觉得这件事情很好玩儿，于是就用笔在本子上把它记录了下来。

我蹲在一旁边听边记，以致忘记了周围的一切。突然，一个服务员的声音把我惊醒："这是谁家的小孩儿？蹲在地上干什么呢？"

我抬头对他腼腆地笑了笑。

这时两位老爷爷停止了谈话,其中一位扭过头来看到我,问:"小鬼,你在本子上涂涂写写些什么呢?"

"我在记录有意思的事!"

老爷爷问:"你能让我们看看你的有意思的事吗?"

我站起来,恭敬地把本子递过去。老爷爷快速浏览起来:"哈哈,原来你在给我们的故事做免费记录呀!"

"对不起,爷爷,我不是故意要偷听的。但是你们说的事情真的很有趣!"

"哈哈哈哈,爷爷没有怪你的意思。你的文笔不错!"他笑着把本子还给了我。

我欣喜地接过小本子，道了声谢谢，就飞快地跑回家，心里像吃了蜜一样甜。

后来，我在创作一部小说的时候，就把当年听到的这个故事穿插其中，作品因此大受欢迎。这就是勤于记录带给我的收获。

在我的人生历程中，我一直坚持着阅读，坚持着记录，充分发挥想象力，让一部部作品和世人见面。我一直在追求梦想的道路上努力尝试，也有过失败，但我永远都不停歇。如果你要问我是怎么做到的，我想说的是：真正的天才并不存在。成功总是和勤奋密不可分的。奋斗吧，小伙伴们！

延伸阅读

"俄罗斯19世纪的良心"

"人生的任务，就是拯救自己的灵魂。人必须放弃一切生活中的娱乐，必须以仁慈为怀。如果说我有什么优点，那就是一颗敏感、善良的爱心。"修炼一颗善良的心是托尔斯泰毕生的追求。

三十岁以后，托尔斯泰的大部分时间都是在乡间庄园里度过的。他家有一间用来贮藏食品的穹顶房,里面摆放有铁锹、镰刀等农具。写作之余,托尔斯泰经常到庄园周围锄草,体验平民生活。他还经常帮助穷苦的寡妇收割庄稼,修建房子,为农民的孩子开办学校,自己编写教材,亲自授课。晚年,他不顾妻子的反对,毅然决定放弃自己的家产和版税,将财富分给穷人,以求得良心上的安稳。他被誉为"俄罗斯19世纪的良心"。

勤奋好学终成才
——罗丹

出生地：巴黎

生活年代：1840年—1917年

主要成就：现实主义雕塑艺术家，代表作品有《思想者》《加莱义民》《青铜时代》《手》等

优点提炼：勤奋刻苦，善于学习

法国人

雕塑艺术家

1840年，在巴黎一个普通家庭中，我呱呱坠地，取名为奥古斯特·罗丹。我的爸爸是一名警务邮递员，妈妈是个普通的家庭主妇。

我从小就聪明过人。五岁的时候，望子成龙的爸爸就把我送到离家不远的教会学校去学习，希望我能出人头地。可是我对宗教一点儿

也不感兴趣，对绘画却非常感兴趣。那时候家里很贫困，根本没有能力支付我学习美术课程的学费。我也只能偶尔在自己回收利用的纸张上涂涂画画一番。

有一次，全家人一起吃晚饭的时候，我看到爸爸脚边有一张纸，就迅速跑回房间拿出铅笔，趴下身去。妈妈见状，关心地问："亲爱的，你不好好吃饭，趴在地上干吗？"

我没有回答，而是专心地用笔勾勒爸爸所穿鞋子的模样。爸爸这时低下头，见我趴在他脚边画画，生气地命令我："赶快收起来！"

我委屈地看了看妈妈，又仰起头看了看爸爸，不情愿地站了起来，嘴里嘟囔着："我只是想画一下爸爸穿的鞋子。"

"你看街上那么多画画的，有几个出名的？难怪你学习不好，都是因为天天想着这个破玩意儿！以后别再让我看见你画这个！"爸爸咆哮起来。

这时候一旁的姐姐赶紧给我使了个眼色，我只好乖乖地收拾好画具，坐回到饭桌前。

从那之后，我再也不敢在爸爸面前明目张胆地画画了。但我还是偷偷地保留着这个爱好。我会在捡来的废纸上画，在废弃的墙面上画……

到了九岁，爸爸见我的成绩不见好转，渐渐对我失去了信心。一天，他一脸严肃地对我说："你这样下去，也难有什么出息，还不如出去打份零工，帮家里减轻负担。"

"不，我要学画画！"

"家里的情况，你还不清楚吗？画画那都是富人们玩的把戏！"

我和爸爸各执一词。后来在姐姐的劝说下，爸爸决定给我一次机会，送我去不用考试就可以入学的巴黎美术工艺学校学习。

我很珍惜在这里的学习机会。这是姐姐好不容易为我争取来的，也是爸爸给我的最后一次机会。如果我搞砸了，不仅我的下场会很惨，还会连累辛苦赚钱支持我的姐姐！想到这些，我就将压力转化成强大的动力，立志一定要学有所成。

那段时期，我每天天不亮就起床，先到一个业余画家的家里画几小时的静物素描，天色大亮后赶去学校上课。放学后，我还要去博物馆参加一个专画人体的学习班。

后来，我发现雕塑的形象更生动，对我更有吸引力，于是我在画画的同时又学了雕塑。我经常去图书馆、博物馆观摩学习古代的雕塑作品。我拼命地和时间赛跑，争分夺秒地刻苦学习。在那里，我也得到了很多人的悉心指导。

有一天，我正在一根柱子上练习雕刻植物，完成之后，觉得花和茎刻得像模像样，但叶片部分怎么看都不顺眼。我雕了又修，修了又雕，反反复复，总是不满意。

一位路过的工匠驻足看了一会儿，对我说："罗丹，你不能老是用同一种方法雕刻，不妨尝试一下让叶尖凸出来，这样叶子就不会那么平淡不生动了……"我听了之后很受启发，马上照着工匠的话去做，雕出的叶子果然变得富有生趣了。

后来，我遇到问题就不再只是埋头苦干，而是悉心向别人请教。因为我的勤学好问，老师都很乐意帮助我。素描老师曾对我说："罗丹，你千万要记住，画画不是临摹这么简单。这只是第一步，更要学会凭记忆来画。"经过这样的提醒指点，我便将平时的各种生活情境记在心里，然后展现在笔端。

有一次，我把爸爸在各种场合生气的样子画出来，订成了一本手稿合集。当我把手稿拿给老师看时，老师先是很惊讶，仔细翻看了之后对我竖起了大拇指。通过这样反复的练习，我成长得很快，对自己的画也越来越有信心。在创作这条路上，即使是面临困难或者感到迷茫，

我都一次次超越了自己。

为了不给家里增添负担，我在学习的同时还要去打杂工、做首饰学徒，有时候还去给雕塑家当助手。这些经历不仅使我有了一定的经济来源，也让我积累了丰富的创作素材。

我在成长中遭受过质疑，经历过打击，因而深刻体会到了艺术之路的艰辛。由此我总是从社会现实中去感受人性之美，发自内心地对劳动人民充满同情。

延伸阅读

忘我的工作者

一次偶然的机会，奥地利著名作家茨威格有幸去采访世界著名雕塑大师罗丹。那时，他还是个没什么名气的三流作者。罗丹却毫不怠慢，热情地邀请他去乡下的雕塑工作室参观。茨威格欣然前往。

到了工作室之后，罗丹掀起幔布，让茨威格参观他刚完成的一件雕塑作品。茨威格看完之后，感叹大师精湛的技艺。但是站在一旁的罗丹认真审视了一会儿后，喃喃自语："这里还要再修一下，还有这里、这里……"说着话就投入了修改工作。

罗丹每修改完一处，就退后几步细细观察，或者换几个角度，再次审视一番。他一会儿捏点儿泥补上去，一会儿又轻轻地敲掉一些，完全投入到了工作中，似乎忘记了茨威格的存在。这样不知不觉就过去了半小时、一小时……

茨威格静静地站在一旁，一声不响地看着这位世界大师忘我地工作。终于，三小时过去了，罗丹如释重负地放下小刀，转身看见茨威格，这才想起这位安静的来访者。大师礼貌地道歉："对不起，亲爱的朋友，耽误了你的宝贵时间……"茨威格十分感激地紧握着罗丹的手："在我看来，这尊作品已经很生动了。但是您精益求精、追求完美的态度让我很吃惊。能目睹您工作时的风采，是我至高无上的荣幸！"

爱拆手表的机械迷——亨利·福特

出生地：密歇根州格林费尔德城

美国人

生活年代：1863年—1947年

企业家、工业家

主要成就：美国福特汽车公司的创立者；世界上第一位使用流水线大批量生产汽车的人

优点提炼：热爱机械，动手能力强，善于思考和创造

19世纪中期，爱尔兰发生了灾荒。迫于生计，爷爷带着爸爸远渡重洋，来到了大洋彼岸的美国，在这里找了个地广人稀的地方定居下来。

1863年7月3日，我在夏日的朝霞中顺利降生了。当时父辈们已经用自己的辛勤劳动积累下了殷实的家业。我一出生，我家就已经坐

拥爷爷和爸爸两代人打拼下来的九十多亩土地了。

爸爸希望我能继承家业,成为一名农场主。可让他失望的是,我对农场里的小麦、玉米、牛、羊等完全提不起兴趣,却对机械深深着迷。

只要看到机械,我都会忍不住手痒痒,想要拆开来折腾一番。所以,每当爸爸带回来一个新玩具时,兄弟姐妹们都会背着我悄悄议论:"千万别让亨利看到,否则被他一鼓捣,只会还给你一堆零件!"

为了方便拆装机械,我还给自己做了一个工具箱。有些工具是我搜集来的,还有些工具是我自己亲手制作的,当然都是些为了配合我的身材和力气改造的迷你版。

有一次,爸爸送给我一块手表当生日礼物。收到手表后,我马上就来了兴趣,心里打着主意:小小的手表,日复一日、分毫不差地走着,这里面到底藏着什么秘密呢?

在好奇心的驱使下,我拿出各种工具拆卸起来。没多久,我就把它拆得七零八落。看着被拆开的零部件,我竟然觉得很有成就感。可是一件好好的生日礼物,瞬间就被我拆散了,总觉得有点儿对不起送礼物的人。于是,我决定把它重新组装回去。

这些手表的零部件实在是太精细了,要想重新组装回去可没那么容易。一步装错,就可能全盘皆输啊!好在我还没有被这些小东西弄晕头脑,在经历了几次失败后,我终于完好无损地重新组装好了手表。

有过一次成功拆装的经验,我对这只手表更加着迷了。连上课时我都偷偷在课桌里拆装着，最后已经达到可以熟练拆下每一个零部件，然后再完好如初地装上的地步。

有一天上课时，我又在开小差拆装手表。我完全沉浸在自己的世界中，以至于老师走到身边都没发觉。老师很生气，气呼呼地说："放学后你留下来，把手表重新装好再回家！"

听了老师的话，我如释重负，心里暗暗窃喜：对于别人来说，这也许是个不小的惩罚；但对于我来说，这可是个奖励啊！

放学后，我只花了差不多十分钟的时间，就把手表完好地组装回去了。它可是分毫不差，正常运转的哦！

当我把重新组装好的手表送到老师眼前时，她的嘴巴张成了"O"形。看到老师惊讶的表情，我捂着嘴偷偷地笑了。她可不知道，拆装手表对我来说简直就是小菜一碟啊！

后来，我成了大家眼中的"钟表达人"。谁的钟表有问题了，都会找我帮忙修理。我很乐意。这种事情对于我来说，可是我的兴趣所在。

这时，爸爸开始引导我，希望我以后成为一名钟表修理工。可我并没有想那么远，只是单纯地喜欢机械，喜欢修理手表罢了。想到以后要以此为职业赚钱，感觉那是对我兴趣爱好的一种亵渎。我马上否决了爸爸的提议。

我对机械的热衷其实不仅限于钟表，妹妹的八音盒令我觊觎已久。每次听到那婉转的音乐声，就感觉它在向我招手，引诱我去把它拆开，一探它内部的究竟。

终于有一天，我趁妹妹不在，溜进她的房间把八音盒拿了出来。我没有片刻迟疑，拿到手就迫不及待地开始拆解。没多久，漂亮的八音盒就被我卸得七零八落，面目全非。

我正为自己的"壮举"自鸣得意时，忽然听到了妹妹的说话声。我做贼心虚，想把东西藏起来，可还是晚了。妹妹见到她那已经不成形的八音盒就哇哇大哭起来。

我赶紧安慰她道："妹妹，别哭，哥哥马上就能帮你装好八音盒。你看着！"

我举着装好一半的八音盒，朝妹妹晃了晃。听了我的安慰，妹妹也稍微有点儿信心了。她含泪蹲在一旁，等着我"大功告成"。

在妹妹的"监督"下，我的手像施了魔法一样快速移动，很快就将八音盒恢复了原状。听着八音盒清脆的音乐声，妹妹这才破涕为笑。我也非常高兴，因为这一拆一装又让我学到了很多机械知识。

后来有段时间，爸爸在铁路上做事。我跟着他到底特律火车站玩。

那是我第一次看到火车。看着这个呼哧呼哧冒着大白烟、哐当哐当辗轧着铁轨的怪物，我异常激动。列车长看到我的兴奋劲儿，特地允许我上驾驶室看看。我新奇地看着眼前的一切，仿佛自己就是这列火车的驾驶员。全车的人都在我的带领下，奔向遥远的目的地……

回到家中，我整晚都睡不着觉。我想，要是我也能造出一列火车来就好了。说干就干，我从厨房里提出了两只水壶，又找出了一架雪橇，把两只壶放在雪橇上，一只烧水，一只当炉子烧火用。当水壶冒出蒸汽后，我推着雪橇一边跑一边叫："这是'亨利'牌火车。"

我的举动引得家人哈哈大笑。

后来，我又看到了一种更奇怪的车子。我还没来得及看清它的模样，它就呼啸着与我擦肩而过了。我扭头大声喊："爸爸，这也是火车吗？"

爸爸笑着说："这不是火车，这是汽车！"

"汽车？为什么它能自己跑？"我的头脑中马上装满了问号。

爸爸一字一句地给我慢慢解释。后来我们又在路上遇上了一辆停靠在路边的"会自己跑的车"。在我的再三央求下，爸爸同意让我靠近这个稀罕物。我跑到汽车面前，到处摸，到处看，可怎么也无法想象它能自己往前跑。

那次邂逅汽车之后，一个全新的领域深深地吸引了我。我的内心深处涌动着一股暗流，发誓以后要投入汽车的世界中去。就这样，我在十七岁那年离开了家乡，迈出了开创汽车王国的第一步。

延伸阅读

体恤员工的好管理者

1902年11月，亨利·福特成立了自己的公司——福特汽车公司。

作为公司的管理者和经营者，他是一个成功的典范。福特向员工提供了"高工资"和"优福利"的保障。他认为"作为领导者，雇主的目标应该是：比同行业的任何一家企业都能付给工人更高的工资"，他用实际行动最终实践了这一理念，提供给工人每天不低于六美元的工资，工时由先前的九小时缩短为八小时。

同时，根据数据分析，福特发现汽车制造的大部分工序并不需要完全的体能。于是，他选择雇用了上万名残疾人士，并平等地给他们发放工资。

这些举措在当时的美国可谓是开了先河。